自然死（老衰）で逝《ゆ》くということ

グループホーム「わたしの家」で父を看取る

三浦耕吉郎

新曜社

はしがき

本書は、10年ほど前（２０１５年）に認知症の人のためのグループホーム「わたしの家」で自然死（老衰死）をとげた父の６日間にわたる看取りの記録である。

なぜ、そのようなプライベートなデータをあえて刊行するのかと、訝しむ向きもあるかもしれない。しかし、私は、「超高齢社会」に突入して死因としての老衰の割合が、それまで上位にあった脳血管疾患や肺炎を抜いて第3位となり、さらには1位のがんについで2位を維持してきた心疾患（高血圧性を除く）の位置さえも抜き去りかねないほどに急増している現代日本において、あらためて自然死（老衰死）の現状を詳細に見ていくことには、普遍的な意義があると考えている。

まずはじめに国のデータで用いられている死因としての「老衰」と、私たちのいう「自然死」との異同について簡単に説明しておこう。厚生労働省の死亡診断書記入マニュアルでは、死因としての老衰は、「高齢者で他に記載すべき死亡の原因がない、いわゆる自然死の場合のみ」に用いるようにとされている。これを額面通りに受け取るなら、「老衰死」＝「自然死」ということになる。

ところが、老衰を専門に研究する今永光彦によれば、今日、「臨床現場においては老衰の診断過程において混乱があるのが現状です」、「老衰や老衰死の概念は曖昧なものであり、様々な立場により考え方が異なっていると言えます」と述べたあと、典型的な考え方の違いとして次の2例を挙げている。

臨床的には、「治癒が可能な病態であったにもかかわらず、適切な診断・治療が行われずに老衰と診断されている可能性」や、「本人のＱＯＬ・家族の意向を考えれば老衰と診断されるべきであったのにもかかわらず、過剰な検査・治療が行われ、病死と診断されている可能性」が考えられます。臨床医としては、超高齢者の診療において、医学的に可逆性の病態を見逃さないことが前提となります。同時にその一方で、本人のＱＯＬ維持・向上に寄与しないような病因追求を控えるという決断も必要となると思われます。（今永 2019: 34）

こうした老衰の診断過程における「検査・治療をするか」それとも「病因追求を控えるか」という二律背反は、まさしく、私たちが父の看取りの過程で直面した、「病院に行って診てもらうか」それとも「行かずに様子を見るか」という悩ましい選択を迫られた状況（第2章）と密接に関連していたことが、今になってやっと納得されたように思う。もちろん、納得したからといって、またそんな状況に立たされたなら同じように悩むことになるのだろうけれど。

そして、さらに重要なのは、老衰の診断に対して「本人のＱＯＬ」や「家族の意向」という医療外の要因が影響を与えているという指摘である。だとすると、老衰概念は、純粋な医学的概念というよりは、様々な社会的要因に左右されるという点で、すぐれて社会学的な概念と言わざるをえまい。つまり、老衰概念の曖昧さや臨床現場の混乱の原因は、そうした点に求められるのかもしれない。
それでは、そのような曖昧性が老衰概念にはあるとして、私たちが用いる自然死概念の特徴はどこにあるのだろうか。一般的な辞書においては、「寿命が尽きて死ぬこと。また、事故・殺害・自殺など外因によらない死。老衰死」（広辞苑、第七版）とあるが、ちなみに「老衰」も引いてみると「老いて心身の衰えること」（同上）である。

本書で用いる自然死概念の定義は、次の３つの点で上記の辞書とは異なっている。

まず第１に、辞書でいう「外因によらないこと」に加えて、医療行為をしない人の死であること。

第２に、寿命という言葉を用いないこと（寿命とは、個々人によって異なるし、それを決定する要因も多様であり、死後に結果的にしか判定できないから）。

第３に、むしろ、自然死の原因として、辞書の老衰の定義を援用すること。

以上のなかでは、とくに第一点目が重要である。その理由としては、今日の日本社会における自然死（老衰死）への関心の高まりのなかでは、在宅において、できるだけ医療的な介入なしに、自然なかたちで亡くなることが求められているからである。

そして、本書におけるグループホーム「わたしの家」での父の看取りも、そのような自然死を志向したものだった。その意味では、先の今永の事例における、老衰に対する「検査・治療」派ではなく「本人のＱＯＬ・家族の意向」派の立場に近いように感じられるかもしれない。

しかしながら、じっさいの「わたしの家」での看取りでは、医療的な「本人のＱＯＬ・家族の意向」派のものとは、まったく異なった世界がそこに展開されていたのである。そのことは、本書の全体にわたるキーワードの〈終末期における「医療との距離化」〉という名称が、端的に示していよう。それは、前半では、できるだけ入院という選択肢を避けるとか、「〈日常的なケア以外のことは〉何もせずに看取る」といった側面で用いられていたが、後半になると、「〈医療的なもの〉とは大きく異なる論理」としての介護の論理が次第に看取りの前面に出てくることになるだろう。

そして後者は、看取りを医療視点ではなく、介護の視点から見ることをさえ求めてこよう。それは、たとえば、「最期の入浴ケア」（第3章）、「相互的ケアへの志向性」（第4章）、「生活感に満ちた雰囲気の〈ニギヤカさ〉」（第5章）、「〈健康な人の終末期の徴候としての食べれないのと、疾患を抱えた人の具合が悪くて食べれないのとの違いが〉わかっちゃったんです！」（第7章）、「真夜中のハッピーバースディ」（第8章）、「グループホームに入所したままでホスピス的なケアが受けられるユニークな実践」（第9章）等々に表れている。

私など、第7章のエピソードを聞いたときには、背筋に戦慄が走ったものだが、どの章を開いても、強烈な驚きがおそってくることは請け合いである。

なお、本書は、『新社会学研究』（新曜社発行）の第1号（2016年）～第8号（2023年）に8回にわたって「極私的社会学」として連載されたエッセイをベースとし、刊行にあたって最後の第9章を新たに書き下ろして加えたものである。

こうした刊行の経緯により、各章の執筆時期はそれぞれ1章ごとに翌年に移行することになり、それにつれて、著者である私が執筆している時間の厚みも、1章書き進めるごとに1年分積み重なり分厚くなっていくことになる。たとえば、第2章（2017年）には、第1章の執筆時期には生じていなかった相模原障害者殺傷事件への言及があるし、また、第5章（2020年）では、連載5年目の地点から新たに「5年前のグループホームにおける父の看取り」を分析する枠組みの更新がめざされている。

このように連載という形式で書くということは、いわば過去の回で書いた記述を、「現在」の時点から絶えず刷新し（書き直し）つづける実践にほかならない。そのために、たとえば「昨年にあたる2018年の春」等の時系列的に違和感を抱かせる記述があるかもしれないけれど、それはそうした実践の痕跡を残すために執筆当時の記述をあえてそのまま採用したことに起因している。それゆえ、本書のこうした読みにくさに対しては、読者の皆さんにどうかご寛恕いただければありがたい。

ただし、そうした執筆の仕組みは、書いている私にとっては、前回執筆時から新たに得られたデータや行ったインタビューをもとにして、それまでに気づかなかった新しい発見や思考の展開によって、まったくこれまでとは異なった角度から謎が解明されるといった喜びをしばしばもたらしてくれたのでもあった。

その点については、読者のみなさんも私とともに時間旅行のなかでの謎解きの楽しみを満喫していただければと願う。

自然死（老衰）で逝《ゆ》くということ――目次

装幀＝新曜社デザイン室

第1章　〈尊厳ある生〉のなかでの看取りとは？

1　「憧れのハワイ航路」の謎

晴れた空　そよぐ風　港出船の　ドラの音愉し
別れテープを　笑顔で切れば
希望《のぞみ》はてない　遥かな潮路
あゝ　憧れの　ハワイ航路

（作詞：石本美由起　作曲：江口夜詩　1948年）

JASRAC出2400757-401

たくさんの切り花で飾られた父の遺影。その下に安置された純白の柩。揺れる燈明の灯りと、焼香のほのかな香り。そして、喪服に身をつつんだ会葬の人たち。そんな厳かな雰囲気にみちた葬儀会場に、突如（音量を絞ったとはいえ）賑々しい岡晴夫の「憧れのハワイ航路」が流されると、一時、会葬者のあいだには、ほっと和んだような笑みが広がったのだった。

父は、その2日前の２０１５年12月12日に、千葉県流山市にある認知症の人のためのグループホーム「わたしの家」で、99歳の生涯を終えていた。死因は老衰で、高齢のわりには臥せったのは最後のわずか1週間のみ。今の日本社会では、「平穏死」とか「満足死」とか呼ばれる、いわゆる自然死（老衰死）だった。

――お父様は、ここ何ヵ月かずっと体調がよくて、食事もよく食べられていました。寝込まれるようになるつい2、3日前も、お気に入りの歌に合わせて、楽しそうに体をゆすってリズムをとったりするほどお元気だったんですよ。そのときかかっていたのが「憧れのハワイ航路」。ほんとに、先生（父は医者をしていたのでホームでもこう呼ばれている）はお好きでしたねぇ、この曲が……。

右のような話を、7年以上にわたって「わたしの家」で父をケアしていただいていたスタッフの方から伺ったのは、最期の床についた父を見舞ったときのことだった。そこで私と姉は相談して、それなら最晩年に父が好きだったというその曲をかけて父を送ってあげようということで、葬儀は先のようなちょっと異例の音楽葬となったのだった。

それにしても、「わたしの家」とは、なんとも不思議なところである。スタッフの方々の口からもたらされる「わたしの家」における父の姿は、いつもこのように、これまで私の知っていた父とは、どこか違う新鮮な相貌を呈して現れてくるのである。

「憧れのハワイ航路」への父の嗜好も謎だし、そもそも家庭内では気難しがり屋だった父が、ここでは「癒し系のおじいちゃん」として、スタッフのあいだで人気者であったということなども、はっきりいって驚き以外の何ものでもなかった。

ところで、今日の日本において、父のような自然死（老衰死）をとげることは容易ではない。なぜなら、私たちは、死にゆく人を「（日常的なケア以外のことは）何もせずに看取る」という、かつての日本人がもっていた伝統的な作法をすっかり忘れてしまっているからである。

このたびの父の看取りを通じて、私は、「わたしの家」のスタッフの皆さんから、きわめて現代的なかたちでの「何もせずに看取る」作法を教えられた。そして、これが肝心な点なのだが、そのような看取りの作法を可能にしたのは、まさに「わたしの家」という不思議の空間の存在そのものではなかったかと、この7年を振り返って今更のように思うのだ。

なお、このエッセイのキーワードである〈尊厳ある生〉という言葉。この語は、言うまでもなく尊厳ある死を意味する「尊厳死」との対比で用いられている。

「尊厳死」とは、終末期（人生の最終段階）において、延命治療の中止ないし非開始にかんする患者の意思決定を尊重すべきだとの立場にたつ考え方である。

ただ、私自身としては、「尊厳死」という考え方のなかに死の自己決定、すなわち自殺に非常に近い要素が含まれていることにずっと違和感を抱いてきた。というのも、終末期における人工呼吸器や胃ろうの取り外しや、人工透析の取りやめの決定は、患者を直接的に死にみちびくからである。

そもそも過剰な延命治療や、たんなる延命治療が医療現場にはびこってきた背景には、今日の医療制度自体のかかえる歪みなり問題が横たわっている。にもかかわらず「尊厳死」という発想は、それを根本から改革することをせずに、患者の意思決定のあり方へと問題をすりかえてしまっているといわざるをえない。なぜ、患者は、終末期になったとたんに、それまでにはなかったような医療の決定プロセスへの強い関与を迫られなくてはならないのだろうか[1]。しかも、直接その結果としてみずからに死をもたらすことになる決定が、他者（医療者）の免責にも深くかかわっているとすれば、状況次第では、その決定はもはや患者の自由意思による決定とは言えなくなるのではないか……[2]。

そこで考えてみたいのが、死にゆく者が死に臨んで、みずからの死の時期を自己決定する必要のない〈死に方〉についてである[3]。たとえば、「平穏死」を提唱した石飛幸三は、それを尊厳死と比較しながら、次のように述べている。

尊厳死というのは本人の意志の主体性を重んじる概念ですが、平穏死というのは穏やかな、自

然な、いうなれば神の意志による死という概念のものであります。（石飛 2010: 115）

そうした点では、「平穏死（自然死）」とは、意思決定が難しい父のような重度の認知症の人たちにも平等に訪れうる死であるといえるし、また、じっさいに、父はそのような死をとげたのだった。

それは、延命治療によって尊厳を奪われた患者の人たちが、せめて死期を自分で選ぶことによって尊厳を取り戻そうとする「尊厳死」とは、まったく異なった死生観に立つものである。その点で、「平穏死（自然死）」とは、いわば〈尊厳ある生〉のなかでの従容とした死だということもできよう。

このエッセイは、そのようにして逝った父にたいして、グループホームのスタッフの方々と私たち家族が協同して行った看取りの記録である。

2 「わたしの家」へ

東武野田線の運河駅で下車して、武蔵野の面影を残す雑木林や、黒々とした畑地のあいだに点在する農家のたたずまいを眺めながら、20分ばかり歩いていく。お寺と神社のあいだで分岐するかつての農道をうねうねと下っていった一角に「わたしの家」はあった。

この「わたしの家」は、本来、初期ないし軽度の認知症の人たちが、それぞれ自分のできることを分担しあいながら共同生活を送っていくための施設として設立された[4]。だから、私が通いはじめた2

００８年頃は、生活の場であるリビングルームは、洗濯ものをたたんだり、食事の支度をしたりする利用者の人たちとスタッフとがまざりあって、和気あいあいとした賑やかな雰囲気に満ちていた。そして、ひょっと見には、誰が入居者で、誰がスタッフかわからなくて、なんだか不思議な世界に迷い込んだような気がしたものだった。

そして、利用者の家族会をまきこんで、季節の行事（花見会、納涼会、敬老会、クリスマス会、新年会）や日帰りツアー（ディズニーランド、池袋サンシャインビル、東京タワー）など、様々な行事が年間を通じて企画されていた。その発想の大本には、利用者にたいして少しでも刺激となり、楽しい気分を味わってもらえる時がもてればというスタッフたちの思いがあった。

もちろん認知症の人たちへの介護という点では、日夜、様々な困難が持ちあがっていたといっても過言ではない。

入浴や排泄のさいの衣服の着脱やオムツ替えにたいする抵抗や、繰り返される弄便への対処。夕方になると家に帰りたがる人や、じっさいに帰ろうとして外出してしまった人への説得や見守りや尾行（！）の取り組み。あるいは、ときに利用者から受けるハラスメントや暴力にたいする対応策の模索。食事の時間を、利用者とスタッフが共に享受しつつ楽しめる場にするための工夫、などなど。

このような困難な出来事にたいして、「わたしの家」のスタッフは、いったいどのように対処しているのだろうか。その点について質問すると、「（悩みを）一人で閉じ込めとかない」とか「笑い話にもってっちゃう」という回答が返ってきた。

これらの問題に本格的に踏み込むのは、このエッセイの次回以降でのことになるだろうけれど、いかにも「わたしの家」らしい回答である。たとえば、弄便をめぐる次の会話は、「わたしの家」的な開放性を象徴しているように思う。

――それこそ、先生も（笑）、光景を見ないとね、想像できないぐらいの、ま、いろんなその、ね、その方の、弄便、ありますしね。ま、その人の、生活のね、そういうのも一部だから
――そうですよ、朝行ってみると、もぅ、そのへん全部うんこだらけで
――へへへへ
――頭からなんから
――よく、当たったんですよ、私も。部屋あけると、きゃー
――それとか、ある人はね、「おはぎ、姉さんおはぎ食べてや」（笑）ってもってきたりね
――紙に包んで、おいてあったりとか、昔はありましたよね
――そういうときに、はっと一瞬思うんだけど、そこで私たちは引かずに、あっ、その人にとっては、大事な食べ物なんだと、だから、それにたいして
――**［私：ありがとう、って（笑）］**
――そうそう、そこが大事なんですよ
――本人は、食べ物だと思ってますもんね

――私たちは、その相手にたいして、けっして怒らない

――きゃー、とかは言いますよね、まぁ。家庭ではそうもいかないでしょうけど

じっさい、身内の者によるこのような弄便行為を目の当たりにした家族は、愕然として、これからどうしよう、まずはどう処理したらいいだろうと、絶望的な気分に陥るものである。そうして、徐々に怒りのような感情がわいてきて、いけないとはわかっていてもついつい叱咤の言葉を投げつけてしまうことも……。

そんな経験をしてきた家族にとって、「わたしの家」のスタッフのように弄便行為を笑いにくるんで話題にすることなど考えられないことかもしれない。とはいえ、こんなかたちで弄便についてあっけらかんと語られる空間が存在すること自体、精神的に追い込まれた家族にとっては、一つの救いになるのである。

また、ここで働くスタッフの方々のなかで職場への評価が高い（「自分たちの心地よい居場所になっている」「ここで働くのが楽しい」）のも、そうした開放性と無関係ではないだろう。結婚して栃木から流山へ移ってきたスタッフは、仕事場である「わたしの家」に子連れで出勤していた当時のことを、こんなふうに振り返っていた。

――ここでは、お世話になりっぱなしで、ふふふふ。私、子どもと一緒にここに通ってたも

んですから（笑）。ま、3歳までは自分のもとで（育てたい）と思っていたら、ホーム長も、もぅ、連れてきなさいって言ってくださったので。ほんと、利用者さんも、（子どもがいると）皆さん笑顔でしたもんね、も、（お互いに）癒しでしたよね。（利用者の）Hさんなんか、面倒をみて、後を追ってくれて、危ない危ないとか言って。だから、いろんな意味でメリットの方が大きいですね。なかなかこんな職場、ないですよ。（同業者の）皆に話すとびっくりされますよね。「いいんだー、そんなとこあるんだー」みたいな感じで。（子どもにとっても）認知症っていう、まだそういう理解がないときには、「なんか、おかしいね」って。「おかしいけど、でも、それしかできないんだよね」っていう感じで（それなりの受けとめ方をしているし）。で、うちの子たちは、三浦さんが大好きだったんですよ。「みうらじいじ」「みうらじいじ」ってゆってー。そう、も、ほんと、三浦さんなんか、うちの子を見ると、笑顔、ほんと満面の笑顔で、うん。

このように利用者とスタッフ、そしてときにはその家族が、寝食を共にしながら混然一体となって生活しているこの雰囲気こそ、まさに「わたしの家」の〈わたしの家〉たるゆえんかもしれない。

では、このような「わたしの家」で、どのような看取りの作法が生みだされているのか、それを次に見ていこう。

3　看取りの準備

――もう、そろそろお父様の看取りについても考えておいた方がよい時期になりました。もしも、お父様が食べたり、飲んだりすることができなくなって、最期のときが近づいたときに、ご家族としては病院に搬送することを望まれますか？　それとも、このホームで看取ることを望まれますか？

2001年にグループホーム「わたしの家」がオープンして以来、ホーム長を務める大角さんから、姉や私にたいして〈私には、一度は電話で、二度目は対面した状態で〉このような相談があったのは、父が入所してから2、3年が過ぎた頃のことだったと思う。

入所以来、父は、肺炎を起こして1、2週間の入院をするということを何度か繰り返していたこともあって、私としてもいつ何が起ころうとも覚悟はできているつもりだった。

ただ、父の〈死に場所〉や〈死に方〉にかんするあまりにもストレートな質問だったので、ものすごく新鮮な印象を抱いたことと、「あ、この人は本気だな」と感じたことを今でもよく覚えている。

なんといっても、死が近々に迫りつつある身内の〈死に場所〉や〈死に方〉について、具体的に人から尋ねられたのはこれがはじめてだった。ともかくこの相談が私たち家族にとって、「わたしの家」

における看取りの準備の第一段階だったことはたしかである。

そして姉も私も、迷いなく「できればホームでの看取りをお願いします」と答えたのだったが、それは父にとってみれば、すでに終の棲家となった「わたしの家」での在宅死の選択を意味していた。

そのとき、姉も私もお互いに口には出さなかったけれど、じつは、あるシンクロした思いをかかえていた。それは、10年ほど前に亡くなった母のことである。

末期がんだった母は、それ以上の治療を拒否して自宅で2ヵ月ほど療養していた。しかし、検診で腹水の処置や点滴が必要だと勧められたため、母も同意のうえで1週間入院したものの、結局、退院の2日後、病院での医療的措置をひきつぎ点滴や導尿の管を体につけたまま息をひきとった。

私の見たところでは、入院して点滴をはじめると、てきめん母の顔や体はむくみだしたし、表情や意識の水準もそれ以前に比べて別人のように様変わりしてしまったのだった。

リビングウィルを文書にこそ残していなかったけれど、「寝たきりになりたくない」「病院で管につながれて死ぬのはいやだ」というのが口癖だった母に、あの最期の10日間の医療的措置はほんとに必要だったのか、もっと母の望んでいた楽な死に方があったのではないかという悔いの思いが、私たちのなかに消えずにわだかまっていた(5)。

そして、この母を看取った経験が、私たちに教えてくれていたこと。それは、医療制度内において患者がみずからの〈死に方〉をめぐって意思決定を行うことの困難性と限界性についてであった。

それにたいして、大角さんの私たちへの問いかけは、とてもシンプルな解決策を呈示しているように思われた。

それは、（とくに病のない）高齢者が自力で食べたり飲んだりできなくなったときに、できるだけ入院という選択肢を避けることであり、いうなれば〈終末期における「医療との距離化」の提案〉といってよいものだった。

これに関連して、医師の中村仁一は、自然死（老衰死）と医療措置との矛盾について、次のように述べている。

> 死に際は、何らの医療措置も行わなければ、夢うつつの気持ちのいい、穏やかな状態になるということです。これが、自然のしくみです。自然はそんなに苛酷ではないのです。私たちのご先祖は、みんなこうして無事に死んでいったのです。
>
> ところが、ここ30～40年、死にかけるとすぐに病院へ行くようになるなど、様相が一変しました。病院は、できるだけのことをして延命を図るのが使命です。
>
> しかし「死」を、止めたり、治したりすることはできません。しかるに、治せない「死」に対して、治すためのパターン化した医療措置を行います。例えば、食べられなくなれば鼻から管を入れたり、胃瘻《いろう》（お腹に穴を開けて、そこからチューブを通じて水分、栄養を補給する手技）によって栄養を与えたり、脱水なら点滴注射で水分補給を、貧血があれば輸血を、小便が出なければ利尿剤を、血圧が下がれば昇圧剤というようなことです。

これらは、せっかく自然が用意してくれている、ぼんやりとして不安も恐ろしさも寂しさも感じない幸せムードの中で死んでいける過程を、ぶち壊しているのです。（中村 2012: 49-50）

だが、この文章に続けて中村が、「しかし、患者、国民のみならず、医療者にもこの認識が欠けています」と付け加えているように、このような状況において、私たち（すなわち「看取らせる側」ないし「看取る側」）が、医療者との関係をどのように築いていくかが重要な課題となるだろう。

ただその前に、「わたしの家」で、そもそも「看取り」とは何かについて、あらためて考えさせられた出来事について是非とも触れておきたい。

4 「看取り」は、もう、はじまっていた！

――私は、三浦先生（父のこと）の終わり方が、いいかたちになってくれればいいなといつも願いながら、先生がどんなふうに変わっていくのか、どのように枯れていくのかを、おそばで見守ってるんです。

「わたしの家」で管理者（当時）を務める金子さんは、15年前のオープン当初からここで働くベテランだが、まだ保育園に通うお子さんのいるお母さんでもある。その金子さんから、右のような発言を父が亡くなる半年ほど前に聞いたとき、私は一瞬、ドキッとさせられた。

なぜというに、ちょうど1年後の父の百歳の誕生日にどんなお祝いの会をしようかとスタッフの方たちと盛りあがっていた頃でもあり、それまでの私は、父の具体的な「終わり方」がどうなるかについて考えたこともなかった。というか、近いうちに来てもおかしくない「父の終わり」について想像することを、無意識に避けていたのだと思う。

結局、これまでに臨終の瞬間を看取ることができた唯一のケースであった母のときも、今から思えば、私は母親の死という人生における未曽有の事態に遭遇して相当うろたえていたようだ。じっさい母が深夜に息をひきとるまでのその日の容態の変化については、不思議なことにまったく記憶に残っていないのである。

それが、どうだろう。ここでは、私よりはるかに若い金子さんのような方が、目の前にいる人たちの「終わり方」をつねに念頭におきながら、彼ら／彼女らの毎日の変化を、その人の終わりに向かう一過程として、意識的にとらえようとしているではないか。

言い方を変えれば、彼女にとっては、高齢の入所者が入ってきたときからすでに、ということは終末期といわれる状況になる以前から、その人にたいする「看取り」がはじまっているともいえるのだ。

金子さんのこのような看取りの姿勢と、身近な人の「終わり方」を考えるのを先延ばしにしてきた私の姿勢とには、それこそ雲泥の差があることを知って本当にショックだった。

そのことに気づいてみると、それまで目にし、耳にしていたスタッフの方たちの何気ない日ごろの言動が、「看取り」と不可分なものとして見えてきたのである。

たとえば、父が亡くなる20日ほど前のこと。

父の面会に行き、広いリビングルームにある応接用のソファーにかけて、自室から車椅子に乗せてきてもらう父を待っていると、専門学校を卒業してその年の4月からスタッフに加わったばかりの青年が、「どうぞ」とお茶を出してくれた。そして、「お久しぶりです。いま夜勤明けなんです」と挨拶すると、そのまま私の前にすわりこんだのだった。

「おやっ」と思っていると、彼は、「三浦先生が昔どんな人だったか、教えてください。僕は、今の先生のことしか知らないので……」と真剣な顔で尋ねてきた。

じつは、これまでに何度か言葉をかわしたさいに、「利用者の方とコミュニケーションをとるのが難しい」と悩んでいた彼から、いつか機会があったら昔の父のことを話してほしいと頼まれていたのだった。

どうやら、これが彼にとって利用者の家族に試みたはじめての聞き取りだったようで、後に金子さんから伺ったところによると、彼はすぐに私のした話を父の介護に応用して、「先生、昔、株をやってたんですって？」と問いかけることで、ニヤッとまんざらでもないような笑みを浮かべて「**ああ、まぁな**」と鷹揚に答える、父のいきいきとした反応を引きだすのに成功したとのことだった。

そのようなスタッフの試みを評価しながら、金子さんは、利用者とコミュニケーションをとるために、家族から話を聞くことがいかに重要かという点について次のように語っている。

――昔からの三浦先生があって、で、今、ここに来てからの三浦先生があって、そこをやっぱり、トータルしてみんなで、なんだろう、共有するっていうんじゃないですけど、それがやっぱりすごく大事なことじゃないのかなっていう気がするんです。過去のそういう話をどれだけ聞きだせるかっていうことで、私たちは逆にこうなってからの三浦先生しか知らないから、昔はどうだったのかなっていうところがあって……。だから、彼が、調子のいいときの先生に株の話をふったら、そういう反応が出てくるんですよ。普段反応しないような内容のことを、ぽーんと、自分の昔の脳のところを刺激されるから、やっぱり反応してくるんですよ、ね。それは、やっぱり、そういう話をご家族から聞いたから、そういう声かけもできてきたということで。先生としても嬉しいと思うんですよね、俺の昔を知ってるのかっていうところ、痛いところつかれたな、みたいな（笑）……。

このような金子さんの言葉を借りれば、「看取り」というものは、〈いずれ必ずくる臨終のときのために、その人の人生をトータルに受けとめようとする想像的実践〉といってもよいのかもしれない。そのように考えると、父が、このホームで過ごしてきた日々、そして、そのなかでスタッフ（やその家族）の方々ととり結んできた関係が、そのような想像的な実践の一コマとして見えてこないだろうか。

たとえば、先のスタッフの話にあった、子どもたちと「みうらじいじ」との触れ合いもそうだろうし、そんなときの一瞬の輝きをつかみだしたかのような、スタッフと父とのあいだでかわされた次のやり取りなども、私の大好きなエピソードの一つである。

——夜、寝られないのか、先生が、起きて部屋から出てこられたことがあったんです。「あら、先生、こんな夜中にどうされたんですか?」って尋ねたら、「**いま、わしは、幽体離脱しとるんじゃよ**」って、大まじめな顔で言われて（笑）。

5　介護と医療とのより良き連携を求めて

自然死（老衰死）とは、自然の流れに身をまかせて、みずからの死の時期を自己決定する必要のない〈死に方〉であると書いた。

しかしながら、「死の時期」を自己決定する必要はないけれど、やはり「自然死（老衰死）という〈死に方〉」をとげるためには、ある時期、重要な決定をしなければならない。それは、高熱が出たり、食べたり飲んだりができなくなったときに、あえて「病院へ行かない（搬送しない）」という決定である。

そして、重度の認知症の人にはそのような自己決定ができないから、今回の場合、父に代わって私たち家族がその決定をしなければならなかった。

だが、それが難しいのである。父の今の容態が、自然死（老衰死）の流れのなかにあるのか、あるいは、たんなる軽い肺炎であって、病院に行って抗生物質の点滴をすれば回復するものなのか、ある意味で看取りの素人である私たちにはその判断がなかなかつかないのである。

しかし、それは私たちだけの問題ではなかった。じつは、次に引用する医師の告白にもあるように、医療者の多くもまた、自然死（老衰死）に出会った経験がないために、それがどのような経過をたどるかについて、私たち同様に知識をもちあわせていないのだという。

> 多くの医師は、自然死の姿がどのようなものか知る機会がありません。こう言う私自身、病院で働いていた四十年以上の間、自然死がどんなものか知らなかったのです。（特別養護老人（引用者注））ホームの配置医になって初めて知ったのです。今の医学教育では、病気だ、病態はどうだ、どう対応するか、病気を治すことばかり、頭の中が一杯になるほど教え込まれます。しかし死については教わりません。死は排除されているのです。（石飛 2010: 83）

「（日常的なケア以外のことは）何もせずに看取る」ということが困難になっている背景に、このような医療制度面での事情があることを、まずは押さえておく必要がある。

そこで重要になってくるのが、ホームにおいて数々の看取りを経験してきたスタッフの方々の知見である。

何か体の不調があると、すぐに病院へいって診てもらわなければならないという考えにとりつかれている現代社会に生きる私たち。そんな私たち家族が、迷いつつも、スタッフからのアドバイスを受けながら、どのようにして終末期に「病院へ行かない（搬送しない）」という選択を行っていったのか。そのような父の自然死（老衰死）にかんする臨床現場からの報告については、次回以降に筆をとることにしたい。

そこでのキーワードは、〈終末期における「医療との距離化」〉ということになるだろう。しかしながら、そのような事態を含みこみながら「わたしの家」において実践されている看取りの作法をよりよく理解するためのヒントは、むしろ、終末期になる前から利用者にたいして実践されてきた日常的な医療とのかかわり方にあるといえよう。

そうした「わたしの家」における「日常的な医療」の要の位置に立つ人たち。それが、訪問看護師さんであり、薬剤師さんであることは、金子さんの次の発言からも窺えるところである。


——いわゆる介護している側からの、たとえば、薬の、その人に処方される薬のこととか、たとえば、ああこれは、ちょっと多分ほんとはこれじゃないんだろうなと思っても、そこの権限は与えられていないので、そこがちょっと、なんていうの、もどかしい部分ですよね。私たち、薬ひとつにしても、先生、この薬くださいっていうのは、まぁ、言えませんよね。むかーし、言われたことありますよ、「薬を決めるのはドクターだよ」って言われたことが。最近は、そんなことのないように、訪看（訪問看護師）さんとか、あとはあの、薬剤師さんが（「わたしの家」に定期的に）入ってくれてるので、薬剤師さんに協力してもらったり。まわりからね、ちょっと協力してもらえるようになってる感じです。介護と、医療と、そういう薬の、認知症の薬のこととかもそうだけれども、もっとこう、相談しあえるような関係が、きっと今後必要だと思います。

さて、これで父の看取りにかかわる主要な配役が出そろったといってよい。

次は、父が亡くなる5日前、すなわち父が最期の床についた12月7日（月）の午前10時まで時計の針を巻き戻したところから話をはじめることになろう。

その日は、偶然のことがいくつか重なった。

当日、出張で関西から上京していた私は、父の容態が急変したことなど何も知らずに、いつものように父へ面会するために「わたしの家」を訪れたのだった。

ただ、来訪の目的は、もう一つあった。じつは、スタッフで管理者を務める金子さんに、かねてからお願いして「わたしの家」にかんするインタビューをさせてもらうことになっていたのである。したがって、金子さんへのインタビューも、必然的に父のベッドサイドで、父の容態を見守りながら行うことになった。

そこへ、知らせを受けた姉が駆けつけてくる。一応、家族がそろったところで、あらためて金子さんより昨日からの父の容態の変化にかんする説明があり、これからどのような医療的措置をとるか／とらないかという、いくつかの選択肢が呈示された。

その間の、姉、私、金子さんとのあいだでの緊迫したやり取り。

その状況が、そのままインタビューのために置かれていたICレコーダーに記録されていたのである。

そんな偶然のデータも用いながら、これから自然死（老衰死）をとげた父にたいする「わたしの家」での看取りのプロセスをできるだけ詳細に描きだしていきたい。

第2章　〈医療行為をしない人の死〉はどのように訪れるのか？

1　はじまりの日

――昨日からお父様の調子がよくなくて、今朝もまだ眠ったままでおられます。お声をかけても反応がほとんどない状態で、とても心配しています。このことは、先ほど電話でお姉さまにもお知らせしたところなんですが……。

その日、私は、東京出張の機会を利用して、「わたしの家」に入居する父のところへ面会に訪れていた。

「わたしの家」は、樹木が生い茂る500坪の敷地内にあり、そこでは鳥が両翼を広げた形の平屋建ての建物が左右に展開している。建物の右翼側は桂棟と呼ばれて1ユニット9人の入居者が暮らしており、中央の事務棟をはさんだ左翼側の楓棟では、1ユニット6人が入居するとともに、デイサービスで7人の利用者を受け入れている。

正面に植えられた見事な枝ぶりの桜のわきを通って、いつものように桂棟の玄関口へまわる。スライド式になった扉を自分であけて入り靴脱ぎ場でかがみこんでいると、来客チャイムを聞きつけたスタッフが小走りに出てきて、いつにない緊張した面持ちで先のように告げたのだった。

三々五々にくつろいでいる入居者や他のスタッフの方たちへの挨拶もそこそこに、広々としたリビングルームを足早に父の居室へと向かう。この桂棟には、リビングをはさむように5室と4室ずつ計9人分の個室が配置されている。父の部屋はオープンキッチンのわきをまわった右奥にあった。

7畳ほどの洋室、その日当たりのよい窓際におかれた介護ベッドのうえで、父は静かに眠っていた。いつものように少し口をあけ気味に自室ベッドで眠っている父の第一印象は、声かけへの反応こそ示さなかったものの、傍から見る限り、ただ深く眠り込んでいるだけのようだった。「健やかに眠っているように見えますけど?」と、思わず口にしたのを覚えている。

そのときの私は、少しほっとしていた。来訪したとたん、予想外の父の急変の報に接して動転し、最悪の状態を覚悟したことへの反動もあったろう。また、もうすぐ百歳という歳のわりに、父の体調がここ数ヵ月ずっと良好だったこともあり、自分自身に「なんだ、そんなに心配するほどのことはないじゃないか」と言い聞かせたかったのかもしれない。しかしながら後述するように、この時点ですでに、スタッフの人たちと私とのあいだで、父の容態変化の受けとめ方は大きく異なっていたのだった。

ともかく、その日、すなわち２０１５年12月7日（月）が、その後の6日間にわたる、父にとっては最期の旅立ちへと向かう――そして家族やスタッフにとっては父にたいする看取りの最終段階の――まさしく、はじまりの日となったのだった。

そして、それはまた、死にゆく人を「（日常的なケア以外のことは）何もせずに看取る」という、自然死（老衰死）をいかにして実現させるかという、私たち家族やスタッフ一人ひとりにとっての父の自然死を受け入れるための様々な模索のはじまりの日でもあった。

そのさいに重要になってくるのは、死にゆく人の体調変化をどのように受容するかという点である。父の場合は、今から振り返ってみると、前日からその面会の時点まで、次のような段階的な変化が急激に起こっていた。第1に、それまでよく食べていたのが、突然、食べ（られ）なくなる。そして、第2に、それに続くようにして、声かけへの反応が弱くなり、眠ることが多くなる。第3に、血圧（BP）は上がり、心拍数（P）はいったん下がったあと上昇し、体温（KT）については、丸一日平熱が続いたのちに39度近い発熱（熱発）が生じた。さらに、舌が内巻きになり、肩呼吸が見られるようになっていった。

これらの変化が、この一昼夜のあいだに父のうえに生じていた事柄である。そんな常とは違う父の状態にたいして、私たち（姉と私とスタッフ）は、昼過ぎまで断続的に話し合うことによって、当面、次のような方針の意志確認を行った。

①本日は、訪問看護師に（来所を）依頼せずに、様子をみたい。
②家族は、グループホームでの看取りを希望する。
③（家族とスタッフは）病院での検査や点滴も望まない。

これら一連の対応によって私たちがめざしたのは、まずは、できる限り入院という選択肢を遠ざけようとしたことである。それは、もっと直截的にいえば、〈終末期における「医療との距離化」〉を図ろうとする強い意志の表れだった。そして、ここでの「意志」とは、何らかの医療的措置を行うこと、つまり《すること》ではなく、むしろ、そうした新たな措置を控えること、すなわち《しないこと》を第一に求めていたという点で自然な看取りにかなうはずだという、ある種の共有された信念にもとづいていた。

とはいえ、目の前で苦しそうに喘いでいる（ように見える）人にたいして「（医療的に）何もしない」ことは、どうしてもそばで見守る者のなかに、次のような心の葛藤を呼びおこす。もしも、ここで適切なかたちの積極的な医療措置をとるならば、またもとのように「回復」することもあるのではないだろうか、と……。

しかしながら、終末期においては、これ以上の回復は不可能と判断された時点で、それまで行っていた医療的措置を取りやめるかどうかの最終的な決断を迫られるときが必ずやってくる。その意味では、このような葛藤そのものは、誰にとっても避けることのできない普遍的なものである。だとしたら、そこで重要になってくるのは、私たち一人ひとりが、終わりゆく命を前にして抱く心の葛藤なるものを、どのように受けとめ、自分なりに受け入れていくことができるか、という点ではないだろうか。

　この連載エッセイでは、自然な看取りをめざした私たちが遭遇した様々な葛藤をできるだけ詳細に描きだすとともに、それらを、私たち自身がどのように受け入れていったのか、そして、そのためにどのような考え方（思考のあり方）が有効であったかをみていきたいと思う。

　そうしたさいに、おそらく核心となるのは、〈父の意思〉をどのように確認するのかということであろう。その点について私は、前章の自身の記述にかんして内心忸怩たるものがある。それは、次のような文章であった。

> 「自然死（老衰死）という〈死に方〉」をとげるためには、ある時期、重要な決定をしなければならない。それは、高熱が出たり、食べたり飲んだりができなくなったときに、あえて「病院へ行かない（搬送しない）」という決定である。
>
> 　そして、重度の認知症の人にはそのような自己決定ができないから、今回の場合、父に代わって私たち家族がその決定をしなければならなかった。（傍点引用者）（第1章17～18頁）

この時点（前章を脱稿した2016年6月頃のことであり、それは、あの相模原障害者殺傷事件が起こされるまだ前であった！）で私は、はなから〈父の意思〉は確認できないと思い込んでいた。そして、そのような考え方は、父の認知力の低下が著しくなり、こちらの声かけにもほとんど反応を示さなくなったここ数年についての私の個人的な経験に根差した見方だった。だが、ほんとに、そうだったのだろうか。というのも、父の看取りに臨んだ人たち（姉やスタッフ）の言動やふるまいを、当時の記録やその後のインタビューを通じて振り返ってみるにつけ、じつは彼女たちは〈父の意思〉なるものとそれぞれに正面から向かい合っていた、ということがだんだんにわかってきたのである……。

それでは、そもそも重度の認知症の人の〈意思〉とは、いったい、どんなふうに表されるものなのだろうか？　しかも終末期という、差し迫った状況において？

2　介護日誌にみる父の変調

12月3～4日（夜勤Aさん）

18：00　夕食　**完食**

19：45　臥床（口腔ケア後）パット　尿（＋）　便（サ）

24：00　オムツ交換　パット尿（サ）　**ご機嫌　その後独語**

5：00　オムツ交換　パット尿（＋）　**反応良好、笑顔**

7：20　起床　オムツ交換　パット尿（＋）
8：00　朝食

12月4日（日勤Bさん）
9：00　口腔ケア
10：00　お茶　**表情が良くニコニコ。**
10：30　臥床
11：30　パット尿（＋）　離床
12：00　昼食
13：00　口腔ケア後臥床
15：00　パット尿（＋）　パット便（＋）　おやつ
16：00　入浴。臥床

これは、2015年12月3日（木）～4日（金）にかけての丸一日分の父の介護日誌である。グループホームでの7年間、2500有余日のなかの、何の変哲もない一日。しかし、2日後に父は体調を急変させ、さらにその6日後の12月12日（土）に不帰の人となった。そのことを考え合わせれば、この日は父にとって人生最後の平穏かつご機嫌な一日だったといえるかもしれない。

じつは、この12月4日午前10時の「お茶　**表情が良くニコニコ**」という部分は、前章で、父が機嫌よく「憧れのハワイ航路」の歌に合わせて体をゆすっていたという、あの冒頭の語りに対応している。「ここ何ヵ月かずっと体調がよくて、食事もよく食べられていた」という父を見舞ったその後の変化（老衰死への経過）が、具体的にどのようなものだったのかを知るうえで、この日以降の日誌はとても参考になる。

なお、ここで利用する介護日誌は、桂棟の介護スタッフ9名によるローテーションのもと、当日の夜勤（16時〜10時）と日勤（9時〜18時）の2名のスタッフにより記入されている。そして、早番（7時15分〜16時15分）と遅番（11時〜20時）の2名を加えた計4名／1日のスタッフによって、桂棟9人の入居者のための24時間介護が担われている。

さて、介護日誌に父の急変がはじめて現れるのは、以下に引用する12月6日（日）の朝である。前日5日の日誌にも、とくにそれまでと違うことは書かれていなかったし、6日深夜の尿パット・便パットへの排泄量もとくに普段と変わりなかった。そうしたなかで、6日の朝食のさいの「**数口　いらない！**」という記述、これこそ日誌上に現れた父の最初の変調だった。

先の3日付の日誌で「夕食　**完食**」とあるように、とにかくここ数ヵ月、父は歳のわりにはよく食べていた。だから、この「**数口**」食べただけで、あとは「**いらない！**」は、目に見える最初の大きな変化（反応ないし態度）だった。そして、日誌をみる限り、その日の昼食も父は3分の1しか食べられなかった（「昼食　活気（－）　**食物（－）1/3**」）。しかし、興味深いことにスタッフの受けとめ方は、それとは幾分違っていた。

じつは、その日の昼食メニューは、父の大好物のライスカレー（お粥をカレーのルーで味つけしたもの）。そして、いつも喜んで食べていたカレーだったからこそ、こんなに食欲が落ちていたにもかかわらず3分の1も食べられたのではないか、というのが後日のスタッフたちの感想だった。じっさい、この日の夕食は「**欠食**」とあるように、この昼のカレーが父にとっては人生最後の食事となった。その意味では、父は最後の最後まで自分の大好きな物を食べて旅立っていったということもできそうである。

とはいえ、その一方で、この時期には一定の水分（ジュース、ヨーグルト、ヤクルト、ポカリ）を摂取することはできていたし、スタッフたちの声かけにたいして、徐々に弱くなってはいたが、まだ、反応を返していたことがわかる。

12月6日（日勤Cさん）
8：10　**朝食　数口　いらない！**
9：00　口腔ケア後臥床　活気（－）
11：30　オムツ交換　パット尿（＋）　何度も声かけするも反応（－）
よく眠っている　Bp152/79 P63
12：00　昼食　活気（－）　**食物（－）1/3**　口腔ケア後臥床

15：05　Bp193/85 血圧高め P65 声かけするも反応（－）
　　　　数回声かけし　大丈夫？　うなずく
15：30　Bp189/93 P68 反応にぶい　Kt36.6
　　　　手足が冷たい為、エアコンを入れ、くつ下をはかせ、あんかを入れる。
16：45　**ジュース50cc**　たんがからんでいる。
　　　　先生苦しいですか？　うなずく。
17：00　Bp176/103 P67 反応（＋）

12月6～7日　（夜勤Bさん）
18：00　夕食　**欠食。**
19：00　**眼を開けて天井を見ている。声かけすると頷いて反応あり。**
　　　　あとで美味しいもの持って来ますね　うん…。頷く。
20：00　Bp184/93 P76（血圧高め、ベッド上部やや up）
　　　　ヨーグルト、ヤクルトをゆっくり完食。
　　　　痰がらみ（＋）　除去するも、ねっとりとした痰がでてくる。
21：45　Bp176/91 P78 **ポカリ150cc** Kt36.4
　　　　途中むせ込みがあるが、**飲みたい気持ちがあり最後まで飲む。**

22：00　その後静かに入眠
24：00　パッド交換　良眠　パッドに尿（＋）
間もなく、くしゃみのようなもの、続けて四回あり。
3：00　ああ～う～　うなり声（＋）
訪室すると眠っている様子。
4：00　ああ～～　うなり声（＋）　眠っている。
5：00　オムツ交換　パッド尿（＋）　**声かけに反応（＋）**
6：30　眠っている。声かけに反応ない。Bp169/89 P89
7：30　Kt37.8（熱発）　クーリング実施
声かけに反応弱い。目の焦点合わない。
8：00　自力で目を開けることなく眠っている。
時々、生あくびあり。

12月7日（日勤Cさん）
9：40　Bp168/89 P94 KT38.4
反応（－）　生あくび（＋）　目をつぶっている。
9：45　娘さん［私の2番目の姉（筆者注）］に電話　状況説明

10：00　若干、肩呼吸。眠りに入る。
10：25　息子さん［私のこと］面会。状況を説明する。
11：25　娘さん面会　状況報告

この日誌を、どれだけ読み返したことだろう。そして何度目かに、驚きとともに気づかされたこと。それは、スタッフの呼びかけや誘いかけにたいして、父が、ポジティブであるかネガティブであるかの違いはあるものの、思った以上にはっきりとした意思表示を返していることである（ゴチック体の傍線部分）。とりわけ、それが食べ物や飲み物の摂取にかかわる場合（ゴチック体の二重傍線部分）に顕著であることがわかる。

父の死後間もなく、6日の昼食介助担当のスタッフの方から聞いた父との「最後の会話」のエピソードは、その印象をさらに強めるものだった。

——お昼のとき、「先生、起きましょう」って言ったら、なんか、「**起きたくないな**」って言ってたんで、「じゃ、もう一回来るね」って。で、（もう一度起こしに行って）「先生、お昼ですけど、ライスカレーですけど」みたいな感じで行って、（先生も途中まで）ご飯食べてたんですけど、「**わしゃ、もう、いらん**」「えっ、先生いらないの？」って。それがその食事のときの、先生との最後の会話だったかな。

つまり父は、食べたいけれど食べられなかったのではなくて、スタッフの方々がいうように、好物だったから食べられたのだったろう。そして、朝食の「**数口　いらない！**」が、たんに食べたくないという拒絶の意思の表明だったとすれば、昼食の「**わしゃ、もぅ、いらん**」は、好物を心置きなく食べて満足したうえで、あえてみずから食べるのを止める、という食べることにかんする人生最後の意思表示だったといえるのではないだろうか。

3　家族とスタッフ間の協同の機微

12月7日の10時過ぎに「わたしの家」を訪れたとき、父はこのような状態だった。私は、管理者の金子さんから昨日来の父の容態について詳しく説明を受けたものの、この眼前の事態を老衰の一過程として受けとめてよいのかについては、正直なところ半信半疑だった。

それは第1に、私自身が、これまでこのような出来事（老衰による自然死）に遭遇したことがなかったからである。そして第2には、この父の容態がたんなる老衰なのか、それとも風邪や肺炎によるものなのか判然としないため、もしも後者だとすれば、治療して回復する余地がまだあるのではないかという思いが拭い去れなかったからである。じっさいそんな思いもあって、当日私は、父のそばで「健やかに眠っているように見えますけど」と思わず口に出してしまったのだった。

しかしながら、スタッフの側にしてみれば、父の容態の変化は、これまで彼女たちが見てきた父の様子とはまったく別のように見えていたようなのだ。それはたとえば、ベッドサイドに集まったスタッフの皆さんとのこんな会話からも、読み取ることができよう。

——なんか、先生どうですか？
——いまねー、でも「健やかに」寝てるの
——いつもこんな感じ？
——ちょっと違うねぇ
——それ、ゆってたの今。私たちから見るとね、いつもと違うけど、耕吉郎さんからみると、「健やかに」見える。ここはね、やっぱり違いますね
——全然違う！
——私たちは、こう、毎日見ているから、その変化がわかるんですよ
——ぐったりしてる。舌がさ、ちょっとさ、捲いてきた気がする、内側に
——そう、で、呼吸が肩だね
——あ、でも熱はそんなに？　下がってきたかな。先生！　先生が、ぐったりしてる
［私：うん、こんなことは、珍しいんですね？］
——そうなんですよ、いつもと違う、なんかちょっと今回は違うんじゃないかな

こんな会話を交わしあうなかで、スタッフの人たちのもつ平素からの観察眼は、年に数回しか父のもとを訪れない私のような者の見方よりも、はるかに信頼に足るもののように思われたのも事実である。

しかし、だからといって、私たち家族は前掲の重要な決断をするうえで、スタッフに頼り切るわけにはいかないし、スタッフ側もまたそのような決断をみずからの判断のみでは行えない。そのあたりに、家族とスタッフ間の協同関係のなんとも言い表せない微妙さがある。それは、「わたしの家」の管理者であり介護スタッフでもある金子さん（K）と私との次のようなやり取りからも浮かびあがってこよう。

K：先生、8度9分か、9度ぐらいある。熱があるから苦しいんですよ
私：ま、肺炎みたいになったら、熱も上がりますよね
K：そうですね。まぁ、大変だろうけど、病院に行ってちょっと診断してもらってくるのも一つの手だし、ただやっぱり、ここまでくると病院へ運ぶのもつらいかもしれないしっていうところで、だから迷うとこなんです
私：ああ、そうなんですね
K：そこにやっぱり、家族が来てくれて、で、一緒に相談にのってくれて、判断してくれると、

じゃそれにのっとってやろうと

私：そうですよね、そうじゃないと、もぅ、Kさんたちの判断になっちゃうから

K：そ、そう、そうなんです

私：僕らも、何年か前に、ホーム長の大角さんからね、そういうさいの対応を聞かれたときには、もぅ、延命はいらないとかね、病院へは（行かないから）、救急車をあえて呼ばなくてもいいってことは伝えてあるけど、それは、一般論であってっていうことですよね（笑）

K：だからそれをね、じっさいにほんと、どうしていくか

私：個々の状況ごとに、それをもとに、何が一番いいかっていう

K：そのつど、そういうふうに、逆に決まってく。家族さんいらっしゃっても、そのつど、やっぱり毎回、毎回聞いて、毎回その判断、だからその判断変わってもいいんですよ、別に

私：変わるもんですよね

K：変わるもんです。看取りに力を入れてられる先生に（お願いして）、講習、今週末、日曜に講義してもらうんですけど、こちら（ホーム）に来てくれて

私：そうですか、へえええ

K：で、その先生とね、話をしたときに、言われてました。も、ほんとに、意見はね、変わってもいいんだよって、そのつどやっぱり家族に聞いて、心が変われば、それじゃそうしましょっていうふうにしていくし、って言われてましたよね

ここには、今日の日本で自然死（老衰死）をグループホームで実現しようとするさいに経なければならない意思決定手続きのポイントが、凝集されたかたちで述べられている。それを整理すれば、次のようになるだろう。

1. スタッフ（介助者）は、死にゆく人の体調の変化についてきわめて重要な情報をもっているけれども、その人を医療につなぐか／つながないかの決定権は保持していない。
2. 本人ないしその意思を推察（忖度）した家族（ないし後見人）が、スタッフや医療者らの情報も参考にしながら当人を医療につなぐか／つながないかの判断を行うが、その判断はその時々の状況によって変化していくものであり、固定したものではない。
3. スタッフや看取りを専門とする医療者は、既存の決定（リビングウィルやＡＣＰ（アドバーンスト・ケア・プランニング。２０１９年以降は人生会議）等の過去になされた決定）にただ従うのではなく、変化するその時々の本人や家族の判断を、つねに基本的に尊重する。

4　私たちの判断と〈父の意思〉

さて、昼前に姉が駆けつけてきたところで、あらためて現在の父の状態についての説明があったのち、これからどのように父の容態に対応していくかについて、金子さんから以下のような3つの選択肢が呈示された。

（1）熱発などの症状を抑えるために、病院に行って診断を受け、薬の投与や点滴を行う。
（2）病院に行かずに、このまま様子をみて見守る。
（3）実費で訪問看護師を呼んで、状態を診てもらう。

そして、金子さんは、姉と私に2人でどの選択肢をとるか一緒に検討するように促すとともに、最後に次のように付け加えたのだった。

——なにがあっても、それは間違いじゃないので、どの選択肢でもね、それに沿ってね、いきましょう。

いまそのときの金子さんの発言を書きとめてみて、なるほど、看取りの現場では、こんなふうな言い方がなされるのか、とあらためて新鮮に感じる。これは、いわゆるインフォームド・コンセントに一見よく似ているけれど、めざすところはまったく異なっているといわざるをえない。

なぜなら、とくに生死にかかわるような手術や治療を行うさいになされるインフォームド・コンセントの場合は、患者の自己決定を尊重する以上に、それによって生じた結果について医師を免責することこそが主目的とされてきた。それにたいして、今回の場合は、「どんな選択肢を（家族が）とったとしても、間違いではない」と宣することによって、決定した家族の側の責任を限りなく小さくするとともに、選択した内容について後々までつきまといかねない心の葛藤を和らげ、負担を軽減することが第一に考えられているように思われるからである。

とはいえ、それにしても、こうした選択をゆだねられた家族の側にしてみれば、医学的な知識をもちあわせていないだけに、やはり大きな重荷に感じられたのも事実である。

私と姉は1時間ほどかけて、金子さんの助言を受けながら、本章の最初にあげた①〜③の方針について意志確認を行うに至った。ただし、そうするにあたっては、以下のようなやり取りのなかで手探りを繰り返すほかなかったのだけれど……。

K：体は熱いですね
姉：どうしよう。検査しましょうとかいわれるわね
私：もぅ、そういうのが辛いよね、大変だよね
K：検査、入りますね
姉：もし、（病院に）行けばね
私：うーん、だからまぁ、僕は別にね、その必要ないかなと思うんですけどね

姉：不自然に手を加えるようなことは（したくないし）……。今苦しいんだったら、なにかしてあげたい、苦しければ。でも……

私：どうしようもないみたいだよね、肺炎とか、いう場合も

K：一応去年出てるカロナールの粉薬はあるんです。8度5分以上で、1回、2本。まぁ、これを溶いて飲むっていう手もありますし。今日、訪看（訪問看護師）さんに連絡をして、それを飲んでやっていいかどうか聞くか、ですけれども

（氷の小さなカケラを父の口に含ませてみるが、飲み込む気配もないのを受けて）

K：どうしましょう。訪看さんに来てもらいましょうか？　それとも、このまま様子を見ますか？　どちらでもいいですけど

私：今、看護師の人に来てもらう？　訪問看護の人に

K：そうです。だとすると、訪問看護師にみてもらって、状況を、ええ、まぁ、どう判断するか、先生（父）のこの状況が、どの可能性があるのか、見てもらう。で、それによって、ま、ご家族の希望に沿って

私：ていうか、僕らも、だいたいは、決まってるんだけど、それを決断するためには来てもらった方がいいのかなぁ、それとも、それさえ必要ないっていう考え方？

K：うん、ありますね、それさえ必要ないっていうこともあると思う。そうしたらその旨を、とりあえず訪看には連絡します。もしなんどき、何かがあったときには、訪問看護師さんを通

して（主治医の）先生に（伝えて）、はい、呼んでもらわなきゃいけないんで
私：なるほど、なるほど、うん。一応、伝えとく必要があるんですかね
K：いや、前もあったんですが、「そんなんでいいの」って言われちゃうかもしれないし、ええ、「もしかしたら肺炎起こしてるかもしれませんよ」って言われちゃうかもしれないですが
私：それは、その看護師さんが、そう判断する場合？
K：うん、かも知れません。もう、それでも、ほんとに、それでもいいよっていうのであれば、それはそれで、その判断かと思うので
私：決まってるときは、あんまり聞かなくてもいいっていう判断もありうる
姉：いつかね、＊＊先生（父の主治医）から「治療必要なときは、治療しますからね」って
K：＊＊先生はそうです
姉：ああ、（そんなふうに）言われましたけどね

これは、本当に偶然のことだったのだけれど、この日私は、金子さんに「わたしの家」にかんするインタビューを行うためにホームを訪れていた。そのおかげで、上記のやり取りが、たまたまＩＣレコーダーに録音されていたのだった。

この三者の会話をみてみるだけでも、背景にある問題がいくつも浮かびあがってくる。

１つ目は、いま、自然な看取りに取り組もうとしているこのグループホームが置かれている複雑な

状況である。

ホームでは、現在、看取りに積極的な医師に講演を依頼したりして、できればそのような医師との連携をつくりあげていくことを模索している。その一方で、看取りよりも治療を優先する方針を掲げる医師が、これまでの父の主治医だった。そうすると、父の場合のようにホームで最期を看取ろうとすると、一種のダブルバインドの状態に陥らざるをえなくなるのだった。

そして、さらにホームと主治医とをつなぐ訪問看護師という存在が、少なくともこの時点では、終末期における積極的治療の必要性と不必要性のどちらを支持する立場にあるのかがわからなかったことが、いっそう私たちの判断を難しくしていたことがわかる。

そして、2つ目が、このような終末期にある父にとって〈必要なことと不必要なこと〉を、私たち〈看取りの素人〉は、いったいどのようにして見極めていけばよいのか、という問題である。

姉が、この場面においてずっと心を悩ませていたこと。それは、病院に行くことや、治療をすることが、いまの父、つまりは、死に臨んでいる父にとって、その苦しみ（があったとして）を和らげることに本当につながるのかどうか、という点だった。

そのときの姉の言動には、認知症の父を何年も自宅で介護するとともに、ホームに入居後も1週間とあけずに面会に通っていた姉にとって、父がいま望んでいること、すなわち現在の〈父の意思〉が、私などよりはるかによくわかっていたのではなかったかと思わせるものがあった。それには、父が肺炎を起こして入院したさいの、長期にわたる付き添いの体験も影響していただろう。

その点については、認知症の人を入院させることへの危惧を表明する、次のようなスタッフの語りが参考になる。

――そうですね、病院の環境で本人が苦痛な思いをするんであれば、慣れたところで治療ができた方が。(環境が変わると)混乱してしまって、変な話、抑制されたりとかも、ほんとね、ベット上だけの生活になってしまいますもんね。で、うちとしては、極力、入院させたくないんですよねーー。隣(の棟)でも、年末にかけて、肺炎で入院された方いたんですけど、でももう、本人がここに帰ってきたくて、帰ってきたくて。だから、全然入院の計画よりも早くここに帰ってきました、早く戻りたいと。もう、ここがわが家になっちゃってるんですよね。もう、自分ちになっちゃってるんで、はい。

ここで重要なのは、「うちとしては、極力、入院させたくない」というホームの方針が、入居者の人たちの意志(「本人がここに帰ってきたくて」)を尊重するがゆえに採用されているという点である。また、地域医療医の大井玄は、胃ろう設置において、認知症高齢者の人たちの意向がまったく反映されてこなかったことを批判しつつ、次のように述べている。

日常生活を営む能力が衰えて認知症というレッテルを貼られても、自分が食べるものの好き嫌

いを区別する能力は最後まで保持されます。（中略）
つまり自分の身体、とくに生死に影響するような、生存に直接かかわる（胃ろう設置のような（引用者注））事柄について「好き」「嫌い」を表明する能力は、その人固有の能力で、最後まで保持されます。（大井 2015: 53-54）

死にゆく人、それも重度の認知症の人の〈意思〉をどのように認識し、尊重するか？〈尊厳ある生〉のなかでの看取りを考えるなら、この問いは避けては通れないものだろう。一見迂遠に思われるかもしれないけれど、そのためには、いまだ終末期になる前の認知症の人びとの〈意思〉をくみ取るための様々な実践を積み重ねてきていたスタッフの人たちの経験にまで立ち戻ってみることが、是非とも必要なものに思われてきた。

第3章　介護スタッフの実践から見えてくる〈本人の意思〉

1　〈ホームならではの介護〉とは？

──先ほど担当職員のあいだで話し合ったのですが、もしも、ご家族からお許しが出るようでしたら、これからお父様をお風呂に入れて差しあげたいと思うのですが、いかがでしょう。いまの私たちには、こういうことぐらいしか、お父様にして差しあげることができませんので……。

グループホームのスタッフから、右のような申し出を受けたのは、父が最期の床にあった6日間の2日目にあたる2015年12月8日（火）の昼前のこと。そのとき私は、前夜からの付き添いを姉に交代してもらい、いったん帰宅するためホームを辞そうとしていた。

この提案を聞いて、正直なところ私は思わずわが耳を疑った（ことを、ここで告白しておかなくてはならない)。まだ父が持ち直す希望を捨てていたわけではなかったし(いや、それだからこそ)、このような終末期を疑わせる状況にあって、「なぜ、いま、入浴なのか?」という素朴な疑問が湧き上がってきたのだった。

ここ数ヵ月元気でいた父が、百歳の誕生日を間近にして体調を急変させたのは、一昨日(12月6日)のこと。昼食にはわずかながら口をつけたものの、その夜以降は丸2日間、食べ物を一切受けつけなくなっていた。そして、前日(12月7日)には、周囲からの声かけへの反応も認められなくなる一方で、突然39度近い発熱をみた。

高熱があるうえに、水分を自力で嚥下できなくなり、解熱剤も飲めなくなったことから、集まった家族(姉と私)は、父を病院へ搬送するかどうか等々の選択肢をめぐって、ホームの管理者をまじえて協議を行った。

その結果、できるだけ病院へ行かずに、在宅(ホーム)において自然な看取りをめざしたい、という共通の意向をもっていた私たち(姉・私・管理者)は、①本日は訪問看護師に依頼せず様子をみる、②家族はグループホームでの看取りを希望する、③病院での検査や点滴も望まない、との3点を確認するに至った。

その後の父の容態は、7日の夜から8日の午前中にかけて、口に含ませた氷のカケラをわずかに咀嚼したり、声かけに「あー」や「おー」という声を発したり、少し笑みをみせるなどの変化が見受けられたものの、37度台の発熱は依然として続いていた。

スタッフから父の入浴を打診されたのは、まさに、こうしたさなかのことだった。

熱があって肺炎が疑われるとともに、意識もはっきりしないという、いわば、いつ何があってもおかしくない状態の父をあえて「入浴させる」という選択は、当時の私の頭のなかにはまったくなかった。

しかし、あとから考えてみると、そのときの私は、「熱が出ているときには、できるだけ入浴を控える」という、いわゆる常識的な医学知識にとらわれていたといわざるをえないだろう。なぜなら、私たち家族は、スタッフの皆さんの厚意を受けて、その日の父の入浴介助をお願いしたのだったが、結果的には、そのときの両者の判断が、父にとっての人生最後の入浴を可能にしたのだったから。なお、当日の介護日誌には、**《14：30　入浴。入浴中は、目を開けられる》**とあった。

そんなこともあって、私のなかでは、入浴を打診されたときに感じたあの驚きが、いつまでも忘れられなくなってしまったのだった。

じっさい、もしも父が、病院に入院していたとしたら、あるいは、在宅で療養していたなら、もしくは、多床室からなる他の高齢者用福祉施設に入っていたら、この同じような状況において、あえて入浴を行うという選択肢がとられることは、まずありえなかったはずなのだ。唯一、ホスピスが可能な場所かと思われるが、その場合は患者本人の入浴への意志が明確であることが必要条件となるだろうから、やはり今回のケースとは違ってくるように思われる。

なぜ、スタッフのあいだでは、医学的な常識にそぐわない入浴という発想が分かち持たれていたのだろうか。彼らの言葉のはしばしに、父が喜ぶに違いないという確信のようなものが感じられたのも事実である。では、どうしてスタッフの皆さんには、そういう父の意志がわかっていたのだろうか？

あるとき、その点にかんする疑問が、ゆっくりと氷解するような感覚へと誘われたことがあった。それは、ホームで複写させてもらった資料を見直しているときのことだった。

「生活援助計画」と題されたそのA４の資料には、父への短期（６ヵ月）および長期のケアプランが書かれており、日付は平成26（２０１４）年10月１日、つまり父が亡くなる前年のものだった。そこには、ホームの担当者と姉との話し合いになる具体的な援助計画が、以下のような項目ごとに記入されていた（一部省略）。

本人の望ましい生活像（長期目標）

穏やかに、笑顔の多い生活を送りながら、GH《グループホーム》での終末期を迎えたい。

A　困っていることは何（課題）

○自分でご飯を食べるのが億劫。

〜水分が飲み込みづらい。むせる〜

B　どうなってほしいか（短期目標）

・誤嚥性肺炎にならない。

C

何をどうするか（具体的計画）

・食事介助はほぼ全介助。誤嚥注意。（全粥・ペースト食・水分とろみ）

・食事中傾眠する場合は中止。

A

◯あまり体を触られたくない。

〜介護抵抗〜入浴・排泄、移乗時…

B

・安心できるように。

C

・介護抵抗に対しては、心のケアも出来る様に二人介助にて行う。（一人は心のケア、もう一人は介助）

・排泄：日中昼前は二人介助でトイレ誘導。

・入浴、浴槽出入り介助二人。

A

◯楽しく過ごしたい。

B

・笑顔が沢山出せる。

C

・日中起きているときに、会話のできる環境を整える（寄り添う）

・冗談が好きなので、冗談を交えた会話を心がける。

特記事項

○一過性脳虚血発作になることがあるので要注意。
○肺炎も起こしやすく、Drより老衰の診断。家族の強い希望もあり、ＧＨでのターミナルを行う予定。
○何かあった場合は家族と相談していく。

さて、この「生活援助計画」が、私に先の疑問を氷解させるきっかけを与えてくれた理由。それは、ここに**このホームならではの介護の精神とスタイル**が凝縮されており、これを読むことで、それまでスタッフから個々別々に聞かされていた父への介護実践の断片が、はじめてひとつのまとまったかたちで目の前にたち現れてきて、「最期の床での入浴介助の申し出」へと至るスタッフの人たちの深い認識がようやく了解できたように感じられたからである。

　別の言い方をすれば、こうしたグループホームでの看取りの独特さとは、いわば父にたいする（7年間にわたる）平常のケア体制が、そのままのかたちで看取り期のケア体制へと移行していっているところにこそあり、その点をぬきにして「入浴介助の申し出」の意味を了解することはできないということである。

　この連載エッセイでは、遅ればせながら私に訪れたこの「了解」の内実を、読者の皆さんに伝えることをめざしたい。しかし、そのためには、いくつかの断片のピースを組み合わせていくことが不可欠である。一見迂遠に思われるかもしれないが、これから2回にわたって、その作業を行っていくこととしよう。

ただ、結論を先取りしておくなら、このグループホームにおける介護実践においては、**〈本人の意思〉にかんする集合的な解釈が、本人とスタッフと家族との相互行為のなかで不断に生みだされているようなのだ。**言ってみれば、このホームそのものが、ある意味において《本人の思いを受けとめるためのアンテナが随所に張り巡らされた空間》にほかならなかった。

次節では、まずは、私自身がそうした相互行為の過程に意図することなしに参入し、そのことによって救われもしたという不思議な体験からお話しすることにしたい。

2　だんだん足取りが重くなる――父との回想（その1）

父がグループホームに入居していたのは、晩年の7年ほど。認知症を発症してから自宅で過ごした最初の3年を加えたこの10年間、私にとっては、年に数回の東京出張のたびに父に会いに行くのが、もう決まり事のようになっていました。

はじめの頃は、子どもたちも一緒だったし、父もそれほど認知症が進んでいなかったので、まるで行楽気分で行っていました。けれども、だんだんと子どもたちが受験で忙しくなり、一方で父の認知症も重くなってきました。重度になると、身の回りのことができなくなり、認知能力も落ちていき、私や家族の顔や名前すらわからなくなります。話しかけても、表情や反応が乏しくなっていく。そうした変化を私は、毎年、少しずつ見てきたわけです。

その最後の数年、私には、父に会いに行くのがおっくうになった時期がありました。ホームまでは、武蔵野の面影を残す風景のなかを駅から20分ほど歩きます。私はその景色がとても好きで、歩くのもまったく苦にならなかったのに、だんだんと施設へ行く足取りが重たくなり、あるとき、できることなら行きたくないと思っている自分に気づいたのです。

なぜかというと、父が私の言ったことに、相づちを打ってくれたり、言葉でなくとも、表情で反応を示してくれているときは、まだよかったのです。そんなときは、孫たちが今は何年生になって、こんな部活や習い事をやっているといったことをしゃべっていました。ところが、父がだんだんと反応を示さなくなっていったときに、今日もまた、私はまったく反応を見せない人に向かって一方的にしゃべって帰ってくるのかと、内心なんとも虚しく感ずるようになったのでした。

でも、そのような鬱屈から抜けでるきっかけを与えてくれた出来事がありました。なんだと思われますか。それは、意外にも私とグループホームの介護スタッフの人たちとの関係のなかにあったのです。

まずは、そのグループホームの名前が面白いんです。それは、「わたしの家」といいます。なぜそんな名前をつけたのだろうと、通いはじめたころ不思議に思ったものでした。認知症の人のなかには、ときに自分の家へ帰ろうとして、スタッフの人が見逃したら一人でふらふらっと出て行ってしまうことがあります。そんなときに、よその人に声をかけられて、「あなたのうちはどこですか」と問われたら、ただ「わたしの家です」と答えればいいわけです。だから、簡単でしょう？

私はそのネーミングは、なかなかチャーミングだなと思います。ただ、雨の日なんか、駅から歩かずにタクシーに乗ることもあります。はじめの頃は、運転手さんのなかにもホーム名を知らない人がいたので、運転手さんに「どちらまで」と問われて、「わたしの家までお願いします」と答えるのは、ちょっと恥ずかしかったですけど（笑）。でも、こんな名づけの仕方からも、このホームがなかなかユニークな発想をもっていることをわかっていただけるのではないでしょうか。

さて、私が父に会いにいって、ほとんど反応のない父に向かってしゃべり続けるのが苦痛になっていた頃のことです。それまでも、行くたびにスタッフの方々は、この前私が来たときから今までの父の様子や、お花見や納涼会、敬老会という季節のいろいろな行事のことを話してくれていました。その後、私はリビングのような広いところで父と対することになります。横にも前にも、三々五々座っているのですが、しゃべっているのは私だけです。重度の認知症の人は、ほとんどおしゃべりをしません。スタッフの人も常時2、3人いるのですが、それぞれトイレに付き添ったり、オムツを替えたり、食事の準備をしたり忙しくされています。

あるとき、私はもっぱら父に向かって話しているつもりだったのだけれど、じつはスタッフの人も折に触れてその話の内容を気にかけてくれていたことが、彼女らと会話をしてみてわかったのです。それからというもの、私は、父と同時にスタッフの人たちを意識して自分の家族のことを語りはじめました。とくに私は、父と話すときに、「お父さん、あんなことがあったよね」と、父の昔話をいくつか投げかけます。たとえば、まだ家族が山口県の山奥のむらに住んでいたときに、父が酔った帰り道で穴におちて背中に大きな三日月形の傷をつくった話とか、戦時中に駐屯していたハルマヘラ島から帰還するさいに病院船が魚雷攻撃を受けて沈没し、救命ボートで漂流してかろうじて九死に一生を得た話、また、ちょうど私の今の年齢に重なる時期に同人誌に10年以上にわたって「戦争と平和にかんするエッセイ」を書き継いでいたこと、などなど……。

そうすると、テレビがついていないときなど、シーンとして聞こえてしまうので、私の話はスタッフの人たちの耳にも伝わります。スタッフの人は、父の介護をするときに、「三浦先生、昔、こんなことがあったのですね」と私のした話を父にふると、父が結構、反応するということもあったようでした。

それまではホームを訪ねても、5分もすればいたたまれなくなって、帰るための口実を探しはじめたものです。けれども、これで私の受けとめ方はガラッと変わりましたし、スタッフの人たちと私との関係もそれからより深くなっていったように思います。

そして、いつのまにか私は、ホームに行くことが苦にならなくなっていました。また、スタッフの人たちとも仲良くなりました。何よりも、父が認知症になって「わたしの家」に入ってからの話を、スタッフの人たちが私にどんどんしてくれるようになったのです。そうしたなかでは、家庭内では気難しがり屋だった父が、ここでは「みうらじいじ」として、スタッフや子どもたちから人気があったという話なども初耳でした……。

3　意志を読む――《こわばり》に対する2つの対処法

しかし、「わたしの家」のスタッフから父にかんするいろいろなエピソードを聞かせてもらう機会が増えていったにもかかわらず、私は、うかつにもスタッフの語る父にかんする（介護の）話に2通りの語り方があることに気づいていなかった。

たとえば、以下に引用する会話は、父の死後、ホーム長の大角さん（O）にたいして、どうして「わたしの家」に来てから、父が皆に愛されるキャラクターに変貌したのかを尋ねたときのものである。

O：あのね、それはね、デイサービス（父は「わたしの家」の桂棟に入居するまで、同じホーム内の楓棟で提供されていたデイサービスを1年8ヵ月にわたって利用していた）で、ちょっとほぐされたんだと思います。デイサービスに、非常にほぐすのが上手だった人がいるんですよね

私：あ、そうですか

O：うん、うん。だからそういう面で、非常にその、三浦先生の心をくすぐったというかね

私：そうなんでしょうね

O：その延長でしたので、ここ（桂棟）でも同じような人がいてくれたので、そこで癒されたんだと思います

私：ああ、ああ、親父は、だから最初は、「そんなとこへ、わしは、行かん、行かん」と言い張ってたんですよ。姉もそれを聞いてるから、なかなかこっち（デイサービス）に来ることに、踏んぎれなかったと思うんですけど。でも、親父は、そう言ってたくせに、（いったん通いはじめたら）帰るときには、ものすごくニコニコして帰ってくるね、っていうのを姉から聞いてて（笑）

O：そうでしょ、デイサービスが、非常に水にあってたんです。とっても楽しそうでしたもん、いるとき

私：そこがやっぱり、僕らの知らない親父みたいなものを、ここで引きだしてもらったような気がするんですけどね

O：すごくね、お話上手な人たちが（楓棟に）いたの、みんなが、お話上手で。もう、狭い和や

かな空間のなかでずーっと話を先生に向けて話して、「先生、こうですよね、こうしてくださいね」、それから「先生、こういうときは、どうしたらいいんですか」とかね、うまーくそれをね、先生の、そうそ、心をくすぐってきた。それをこちら（桂棟）も受け継いでやってきたんで、はい。「こういう先生なのよ、だから、こう、こぅいうふうにすると（いいよ）」って。でもね、あんまり、ひっこいとか、あんまり、こう言ったりするときには怒ることもあるんですよね。「うるさい」みたいな、「なんだ」っていうときがあるんですよ

私：それが、普通ですよ

O：でも、そこをするっと、すりぬけて、「ああ、こういうときは、だめだよ」っていう、そういうアンテナは、みんな持ってますので。それがうまーくできてきたんで、先生も居心地が良かったんだと思います

ここで「それが、普通ですよ」と呑気に構えている私は、この時点でも、こうした語り方の背後にある大角さんからのメッセージを、まったくといってよいほど理解していなかったといわざるをえない。

じつは父の生前にも、大角さんとこんなやり取りがあった。その頃の父は、すでに面会のあいだも眠そうにしていることが多かった。おやつのヨーグルトを口に運んでも、あまり頻繁に勧めすぎると口を開けなくなることもあったのだが、ヨーグルトを食べ終えてからお茶を無理に飲ませようとした

ときに、父は珍しく「**もう、いい**」とはっきり拒否の意志を伝えてきたのだった。

そのことをテーブルに来られた大角さんに告げると、「いえ、拒否の言葉は、はっきりと言われますよ」といってから、さらに別のケースとして、エプロンをつけようとすると、意志をこめて手を体に密着させてつけるのをいやがるという例をあげられた。そして、「最近、そんなことが多くて、すかしたり、なだめたりして、おだてて調子にのせてエプロンをつけたり」しているとのことだった。

また、同じテーブルで介助していたスタッフの青年も、拒否するときの父の力の強さについて、こんな体験を述べていた。

――もぅ、先生は百歳になられるんですよね。僕は、百歳の老人てよぼよぼだと思い込んでいたんです、でも、オムツを替えたりするとき、無理やり取ろうとすると、すごいパワーで抵抗されるんですよ、僕なんかよりも強いくらいで……。20歳が百歳にかなわないなんて、思ってもみなかったです。

こうした排泄介助をめぐっては、別の女性スタッフからも、オムツの中のパットを替えるだけのときは1人で行うけれど、外側のオムツまで替えなくてはならないときには、もう1人スタッフを呼んでくるという説明を受けたことがある。

そのときにも、それは排泄物などの後処理の大変さについての話であって、まさか介護抵抗への対応だとは考えなかったし、今回のような明確な抵抗の話を聞いているときでさえ、私の頭のなかでは単純に、高齢な父の「力の強さ」にかんする話としか受けとめていなかった。

これらのエピソードからは、認知症の人への介護においては、本人の意志やプライドが前面に出て、拒否や怒りの感情が表出された強い《こわばり》の状態にあるとき、大きく2つの異なった対処法があるようなのである。それを教えてくれていたのが、先に指摘した「(父の介護にかんする) 2つの語り方」だった。

1つは、「すかしたり、なだめたりして、おだてて調子にのせ」たり、「心をくすぐられる」ことによって、〈ほぐされた状態〉にある父にかんする語り(「癒されたんだと思います」「水にあってたんです」)。

そして、もう1つは、「こういうときは、だめだよ」という、スタッフたちのアンテナに察知された状態にある父にかんする語り。その点について別のスタッフは、「今日は、ああ、三浦さん、だめなんだって(いうことが)、うん、ありました。もぅ、そのときは、言い方あれですけど、ほっときます。もぅ、怒った状態でケアするっていうのは、もぅ、お互いに、私たちもですし、相手もいやですし」と述べていた。

つまり、怒りや困惑などでがちがちに《こわばった》人に対するケアとしては、一方で、様々な言葉や技術を駆使して〈ほぐす〉という方法と、他方で、とりあえず介入せずに〈ほっとく〉という方法が用いられているといえよう。

しかし、そうはいっても、衛生上や安全上、とてもそのまま〈ほっとく〉わけにはいかない緊急の場合もあるはずである。そうしたさいに、編みだされたのが、「一人での外出」や排泄・入浴にかんする「わたしの家」ならではの介助法だった。

4　ディスコミュニケーションのなかでの介助――帰宅行動（夕暮れ症候群）への対応

――（自分の家へ）帰ろうとする人って、いっぱい今までいましたけど、帰りたい人は、もぅ、あんまり止めないんですね。だいたい一般的に特養なんかへ行ったら、「じゃ帰る」って（入所者が）言ったら、「ご飯でも食べてからいきなよ」って誘ったり、「今日は帰れないから」とか、いろんなこと言って止めようとするんですけど、認知症の人って、もぅ、帰りたいと思ったら、帰りたいんですよ、やっぱり。とくに夕方以降多いので夕暮れ症候群ていわれてるんですけど。それは結局、夕方になったら私たちも家に帰りたいのと同じで、帰りたいんです、家が心配だから、ご飯作ったり、子どもが帰ってくるとかで。それをいろいろ、ああだのこうだの理屈をつけて止めてると、もんもんとしてきちゃうの、このへん（胸のあたり）が。それで、結局、言動が不安になってって、怒っちゃったり、暴力に出たりしちゃうので。とにかく帰りたくて、「じゃもぅ、今日はご飯食べて泊まってって、明日の朝行こうね」って言って、「ああそうだね」ってわかってくれればそれでいいんですけど、それでもだめな場合っていうのは、ほんとに、「じゃ、気をつけてお帰りください、またいつでも戻ってきていいですからね」って、快く出してあげちゃうんですね。

グループホームに入所したばかりの認知症の人が、自分がここに入らなければならない理由がわからないために、混乱してしまって頻繁に行う帰宅行動。無理に止めようとすると、その反動が怒りや暴力のかたちで出てしまうというから、そのときの当人の精神的・身体的な《こわばり》具合は相当なものに違いない。

認知症の人を介護するさいの困難性とは、まさしくこのような本人と介護者の双方がもっている場、の認識がまったく異なるディスコミュニケーション状況のなかで介護がなされざるをえないという点にこそあるだろう。

そんなとき、「快く出してあげちゃうんです。気をつけて行ってらっしゃいって」とあっけらかんと言う、管理者の金子さんの話に私は心底驚かされてしまったけれど、驚きはそれだけではなかった。続けて金子さんは、こんなふうに述べている。

――でも、一緒には行かないです。よくね、一緒に出歩いたりするところってあるんですよ。「徘徊の人に付き添う」っていうんですけど。でも、何が何でも帰ろうって思ってる人に、ほんとについていっちゃうと、終わらないです、エンドレスで。「なんであんた、ついてくるのよ」

とか、怒ってる部分だけがずーっと残るので、結局「帰ろうよ」、「なんで帰らなきゃいけないの」ってなって、ばっと（一人で）行っちゃうんで、私たちは、出て行きたいときは、もぅ、一人で出すんですよ……。面白いですよ、探偵みたいな……。こぅ、出てったら（ついていた職員が）外から、「はぁ、こっち行ったよ」（と報告すると）、「わかった」（ともう1人の職員が）「今から行ってくるね」って、一人で携帯もって……。なかに振り向く人がいるんですよ、後ろから来てるかな、みたいな……。そこを見られないように、もぅ、距離感もっていって。そこで、足もとがふらつくような人は、家族にもぅ（あらかじめ）言ってるんですね、これ、一緒についていっちゃうと終わらないので、もしかしたら、ころんじゃうかもしれない、怪我するかもしれないですけど、それでもよろしいですか、って。

つまり、一人で出してあげた後に、スタッフが気づかれないようについていくというのである。そのさい、足取りのおぼつかない入所者の場合などは、途中でころんで怪我をしてしまう可能性もないわけではない。だが、「わたしの家」の介助においては、こうした危険性についても織り込み済みで、あらかじめ家族にたいして許可をとってあるという。

なぜ、そのような危険性があるにもかかわらず、あえて一人で出すのだろうか。その点については、金子さんの次のような語りが参考になる。

――認知症の人にとっては、できないことは自分でもなんとなくわかって、それを指摘されちゃうと、苦しいわけですよね。で、よく認知症になって、もぅ、危ないからやらないでとか、余計なことをしないでってなって、全部それを取り上げちゃって、なーんにもしないでいると、やっぱりきっとね、辛いんだと思うんですよね。何か、やること探してるんですよ。それが、なんだかわからなくても、やっぱりそこから考えてあげるっていうことがすごく大事で……、何かを言いたい、何かをやりたいみたいな……。

つまり、帰宅願望のある入所者をスタッフが付き添わずに一人で外出させるという「わたしの家」に独自な対処法が生みだされるにあたっては、入所者の人たちのかかえる思いや意思にたいするこのような深い理解と洞察があったということなのである。

そして、そうした結果として、**このホームでの日常的なケアにおいては、本人の思いに添うことと、本人の安全を守ることとが相容れないような事態が生じたときに、状況によっては前者が後者に優先させられている**という点が、とりわけ重要だろう。

なぜなら、安全性（身体を安静に保つこと）よりも本人の思いに添うことの方が優先されるという点では、本章の冒頭でみた終末期が疑われる段階での入浴介助が、まさしくそれにあたるように思われるからである。その意味では、**ある程度の危険を冒してこそ〈充実した生〉が得られるという考え方は、この「わたしの家」における日常的なケアのみならず終末期のケアを通底して存在しているよ**

うに思われる。

さて最後に、こうした「一人での外出」を終結させる場面の語りをもとに、このようなケアのもつ特徴を押さえておきたい。

——そうして一人で歩いてると、なかなか辿りつけないわけですよね。で、不安になった頃合いに声をかけるんですよ、私たち。「どうしました」って言うと、そのときに、あ、見覚えのある人だなって思うこともあるし、まったく知らない人に切り替わっちゃう場合もあるので、「迷っちゃった」とか、なんとか言うんですよ、皆さん。「ああ、そうですか、わかりました。じゃ、とりあえず一回うちに来て、お茶でも飲みませんか」っていってみたり（笑）。それで、ここに連れ戻してきて、で、そのうちに、話を切り替えながら、まぁ、普段の生活に戻っていくっていうことなんですけど。冬だったら、「お風呂入ってったら？　あったかいですよ」って言ったりするんですけどね。

このやり取りからは、スタッフ側による本人の意志や思い（疲れや不安や焦燥）にたいする細やかな勘案がその都度ごとになされており、それをもとに状況に見合った本人への適切な誘いかけ（お茶やお風呂）がなされていることがわかる。

重要なのは、そのような細心の対応は、そもそもの外出をさせないように説得する段階から、怒りや暴力の表出を察知して逆に外出を促す段階、そして、さらに尾行しながら様子をうかがう段階等々においても一貫してなされていたという点である。

これらの対応は、先述した本人の身体的・精神的な《こわばり》にたいする〈ほぐす〉と〈ほっとく〉という対処の方法を随意に組み合わせたものだということもできよう。つまり、外出を促すことによって一時的に〈ほっとく〉状況をつくりだしておいて、気づかれないように後を追うなかで〈ほぐす〉ためのきっかけをさぐっていたように。

こういった点に、「わたしの家」ならではの介護の精神やスタイルといったものが見てとれると同時に、そうした介護のなかで〈本人の意思〉とでも呼べるものが、スタッフの皆さんのあいだにある程度共有されてきているように、私には思われるのである。

ただ、今回取り上げた「一人での外出」のケースは、いわば怒りや暴力の表出が回避された状況における出来事であった。しかし、当然ながら、怒りや暴力が表出されてしまった場面においても介護を続けねばならない場合がある。

次章では、そうした介護抵抗の現場で用いられている介助の方法と、そのなかで〈本人の意思〉がどのように把握されているのかという点について考えてみたい。そうすることによって、グループホームで行う看取りのもつ意味を、さらに掘り下げていく一助となればと思う。

第4章　「最期の入浴ケア」が残したもの

1　日常のなかの介護抵抗

―**あたし、ニューヨーク行ってくるから**
―えっ、ニューヨークっ！　気をつけて行ってらっしゃーい
―**[私：ほんと？　すごい遠くだね、頑張っててっ……]**
―**あはははは**（手を打ちながら）、**ばかばっかり言ってるね、お土産ないと……、ははは**
―お土産、買ってきてね！
―**いま、お風呂行くんで**（笑）
―**[私：ああ、入浴土産かぁ**（笑）**]**
―（私に向かって）**また、来てください**

これは、父の死から3年後の2019年の冬のある日、グループホーム「わたしの家」のリビングルームで交わされた会話の一コマ。訪問看護師さん（父の看取りにも立ち会っていただいた方）やスタッフの皆さんと話し込んでいると、私に気づいた入居者のWさんが、浴室に向かう途中、タオル片手にニコニコしながらやって来られたのだった。

Wさんは、お風呂の時間が大のお気に入りで、「あたしは最年長だから、いっつも一番風呂」と言うのが口癖（本当は、もっと年長の方が何人もおられるのだけれど……）。私が、「えっ、それはいいですねぇ〜」と大げさに返すと、とても嬉しそう。その日も時刻は夕方3時半をまわり、桂棟の内風呂もちょうど炊きあがった頃合いで、文字通りの「一番風呂」だった。

こんな軽口をたたきあえるのも、9名いる入居者のなかでWさんただ一人。しかも、それだけではなかった。じつはWさんは、聞くところによると、生前の私の父と微笑ましくもあり、また奇遇でもあるような、なんとも不思議な親交を結んでいたという。

はじめは隣接する楓棟の方に入居されていたのだけれど、父が楓棟に（ある理由から）顔を出すたびに、いつも親身になって面倒をみてくれるので、スタッフ同士（もちろんWさんにも）相談のうえ、父の入居する桂棟の空き部屋へ、わざわざ移ってきてもらったという。どうやらWさんは、「わたしの家」における父の晩年を語るうえで、欠くことのできない人物らしいのだが……。

それはともかくとして、先の会話に象徴されるのが、ホームでの入浴をめぐる何の変哲もない平穏な日常の一シーンだったとすれば、その一方で、認知症の人たちの入浴の時間が、ときに何の前触れもなしに、激しい介護抵抗の場に変わってしまうこともある。そんなショッキングな事実を、驚愕とともに思い知らされた出来事があった。というのも、そこで介護抵抗の一方の当事者となり、スタッフに対して暴力をふるってしまったのが、ほかならぬ私の父親だったのだから……。

以下に引用させていただくのは、父が亡くなって半年後に、もう一方の当事者であって、父の暴力の被害者となったスタッフの方から伺った、そのときの話である。

――（7年前に、一般のデイサービスの職場から認知症の人たちのグループホームに移って来てみて）はじめて三浦先生、お父様と会ったときは、まぁ、なんて穏やかな方なんでしょうって（いう印象で）、いっつもニコニコされてたんで、こう、叱るとか、大きな声を出すっていうことは絶対ないと思ってたんです、私としては……（笑）。でも……、でも、ほんとにお父様のあれ（されたこと）でも（率直に話して）よろしいですか？ **［私：どうぞ、どうぞ、どうぞ］** あのぅ、（ホームで）はじめてお風呂に連れてったときに、1つだけ、すごいショックなことがあったんですよ。行くまでは、もう、全然普通だったんです。その頃はまだ（入居してから日も浅く、自分で）歩かれてたんで、もぅ、るんるんで、2人で勇んで「お風呂行こう」なんて言って……。（浴室に着いて）はい、（脱衣所の椅子に）すわりました。「先生、お風呂に入るんで、お着がえしますねーー」って言って、着がえがはじまって、あのときはね、上半身脱ぎはじめたときまでは良かったんですけど……。（ズボンを脱ぐ段になったときに）たぶん何かのスイッチがぱっと入っちゃって、髪の毛ぐわーってつかまれて、「お前、何するんだーー」みたいな（ふるまいを）して……（笑）。そんなこと、ありました、うん（笑）。

まさに当事者家族の立場にある私としては、聞いている最中には、正直なところ相づちを打つのが精いっぱい。しかも、「ああ、あれは、この（父による介護抵抗の）ことだったのか？」と、それまでに他のスタッフの皆さんから折に触れて耳にしていた《父について語られた言葉》や《一般的なかたちで語られた介護抵抗の事例》の様々な断片の意味するところが、わずかながらようやく認識されるようになるのには、まだまだ、それからさらに3年の歳月が必要だった……。

このような場合、インタビューは、往々にして暗いトーンのままどこまでも沈み込んでいってしまいそうである。しかし、そこは「わたしの家」のこと、これに続く語りは最終節で紹介するけれど、どうやら父と当のスタッフの方とのあいだで、何年もの長い時間をかけて、何らかの「和解」がなしとげられていたようなのが、さらなる驚きであるとともに救いでもあった……。

とはいえ、認知症の人たちの介護において、排泄や入浴のさいの拒否への対応がいかに大変かということは、よくいわれるところである。じっさい、父が最期の床に伏した日のベッドサイドで、管理者の金子さんにはじめて行ったインタビューにおいても、なんとすでに、まさにこの点について介護者としては家族の方（そのなかに、私自身が入っていようなどとは、いや、入っているどころか、ここで念頭におかれていた入所者のうち、父もその一人だったということを、そのときにはうかつにもまったく気づきもしなかったのだが）にもっとよく知ってほしいのだと、次のようにストレートに述べられていたではないか。

――（看取りだけでなく）ケアもそうなんですよ、（ご家族と）一緒に考えていきたいし、一緒に共有してもらいたいんです、介護する側としては。でもそれが難しいです、（家族には）受けとめきれない部分があるので、きっと……。まぁ、（ホームの利用者の）できなくなった部分も、まだまだできる部分も含めてということですけど、うーん、だからこういうケアが必要なんですよっていうことを、やっぱり知ってもらいたいんです。たとえば認知症になって進行してくると、指示が入らなくなるんですよ。あの、脳のなかでおそらく伝達がうまくいかないので、おトイレするとか、お風呂に入るっていうことにたいしての指示がうまく入らないと、お風呂入るから脱ぎましょうねって言っても、その脱ぐっていう指示が入らないから、もぅ、何されるかわからないっていう、いわゆる拒否。トイレも、ズボンおろされちゃって、でも、やらなければ、やっぱりやってあげないといけないこともあるので、そういうところ、いつもじゃあお風呂普通に入れてますよ、っていうことではないんだよっていうところがあるっていうことをね、知ってもらいたいっていうの、たぶんあるんです。だから、逆にいえば、一人じゃできないから、家族がちょっとそばにいてくれて、声かけしてくれるとスムーズに行くんですよとか、ちょっと協力をしてもらったら嬉しいんですっていうようなところまで発展しますよね。やっぱり家族にはかなわないものはないので、ちょっとそばにいて、気をそらせてくれたり、とか、やっぱり、お母さん大丈夫よって言ってもらったり、そうやってやってってくれてる方、何人かいらっしゃるんで。そうですねぇ。そう思いながら、うーん介護って、介護って奥深いっていうか、まぁ、大変なのもありますけど、その何が大変かっていう、何がっていう部分を、たぶん知ってもらいたいんだと思います、介護する側って。

半年を隔てて聞いたお2人の語りが、私のなかですぐに結びついたかといえば、恥ずかしながらそういうことはなかった。その当時は、何よりホームでの父の看取りのあり様に関心が向いていたので、結局、現在のような理解にいたるまでには、それから数年後に父の「生活援助計画」（亡くなる前年度に作成されたもの）を何度目かに読み直していたときに、ある記述がわたしのなかでスパークするのを待たなければならなかった。さて、その記述とは、以下のものである。

【課題】あまり体を触られたくない。～介護抵抗～入浴・排泄、移乗時…
【短期目標】安心できるように
【具体的計画】介護抵抗に対しては、心のケアも出来る様に二人介助にて行う。（一人は心のケア、もう一人は介助）。

排泄：日中昼前は二人介助でトイレ誘導。
入浴、浴槽出入り介助二人。（傍点引用者）

この「生活援助計画」が、先のような介護抵抗という具体的な出来事を念頭において作成されていることは想像に難くない。だから、私を驚かせたのは、たんに計画書に介護抵抗の記載があったという事実、それ自体ではなかった。

では、いったい、ここで記述されているなにが、私のなかでスパークしたのだったか。それは端的にいって、**認知症の人たちにおける介護抵抗とは、けっして非日常の出来事ではなくて、介護抵抗への気配があればすみやかに2人介助に移行できるだけの準備態勢がつねに要請されているような、すぐれて日常的な出来事にほかならなかった**という点である。

父の介護抵抗を、もっぱらあってはならない出来事として、日常性から遠ざけて考えたがっていた私にとって、**父に対する日常の入浴介護のなかに、すでに介護抵抗への対応も一定程度織り込み済みであるような「わたしの家」のスタッフによるこのような発想**は、まさしく目からうろこだった。

では、ここで言われている「心のケアもできる2人介助」とは、いったい、どのようなものなのだろうか。これが、今回のエッセイの前半のテーマにほかならない。

ただ、その前にもう一つ、是非ともここで言及しておかなければならない事柄がある。

じつは、昨年にあたる2018年の春に、この「わたしの家」の創設段階から中心になって尽力されてきたホーム長の大角さんが、進行性がんのため急逝されたのである。それは病が見つかってから亡くなるまでわずか4ヵ月余りという、あまりに急な出来事だった。まずは、あらためてこの場を借りて、心から哀悼の意を表したいと思う。

その後、ホーム長の職は、管理者であった金子さんによって引き継がれることになったのだが、金子さんにとって大角さんは、上司であるとともに母親でもあった。そうした点では、これからもこのエッセイでは、大角さんにまだまだご登場願うことになるだろう。

2 介助のドラマトゥルギー――「わたしの家」の2人介助をめぐって

――たとえば、「わたしの家」が、自分たちでやってきた経験のなかで得たことは、あのぅ、拒否したり、暴力振るったりして、お風呂入るのいやだ、トイレ行くのがいやだってなってく人、結構いらっしゃるんですけど、そのなかでも、それのとくに強い方がいらっしゃったんです、症状が。で、1人じゃとても介助ができないと、もぅ、すごい力だし。でも、やっぱり汚れてるので、お尻、（下着類を）代えてあげなければいけないから、どうしようかってなったときに、いろいろ試しながらやってたんです。あるときに、いつものように、1人がこぅ（トイレに）連れてってるときに、もう1人の職員が来て、「はい、どうしたの」って言ったら、その人が、すがるような顔して、「助けて」みたいな顔したんですね。で、そのときに、あ、これは、2人で（介助を）やることも、もしかして可能なのかなと思って。1人が悪い役、悪役、もう、連れてく人が悪役で（笑）、そこで直接ケアをする人は、もう、いい人になるっていう。だから、私も昔特養にいたときに、私は昔特養で働いていたので、どうしても拒否のある人って、もう、結局、手が出ちゃうからって、2人がかり、3人がかりで、拒否があっても、強引に脱がせたりしてたんですけど。あれはやっぱり相手にとっては、もう、強姦みたいなもんですよね。だからずっと、2人がやるってそういうもんだと思ってたんですけど、違ったんですね。1人は介護する方で、1人は精神的なケアをするんですよ。「どうしたの、大丈夫？　ひどいね」とか言って、一緒の味方になってあげて、（介護を）やってくれる人を、ちょっとこう、けなしたりとか、「やだね、ほんとやだね、あとでよく言っとくから、お願いね（今は我慢してね）」みたいな（笑）。もう、それも、職員のなかでそういうふうに位置づける……。

金子さんによると、「わたしの家」における2人介助のはじまりは、こんな偶然のきっかけからだったという。介護に対する拒否の強い人が、一瞬みせた「すがるような顔」。その刹那の表情から当人の意志を読み取って、即興的に「悪役」と「いい人」への役割分担を実践することで対応していく、独特な方法が編みだされてきた。

ただし、同じように2人介助といっても、ここでは、他の施設で行われているような強引な2人介助とは似て非なるものであることが重要だろう。そこでは、「いい人」となったスタッフが、先の

「生活援助計画」にあったようにもっぱら「心のケア」に気を配りつつ認知症の人のこわばった気持ちをほぐしている傍らで、「悪役」とされたスタッフが物理的な介助をこなしていく。

しかも、興味深いのは、こうした役割分担もけっして固定したものでなく、同じ関係が長続きしないために、どこで役割の逆転が起こるかわからない、という不確定な要素をはらんでいるという点である。続けて金子さんは、このように述べている。

――でも、その役割が、突然に入れ替わるんです。入れ替わった、「あ、こんど私、いい人みたい」。(そうしたら、相方のスタッフを悪役にして)「やだね、あいつ、やだね」とか言いながら……。だから、職員もお互いにチーム連携みたいな感じで(やっていく)。認知症の人って、スイッチの切り替わりが結構こまめにあるので、今、いい役だった、味方だと思っていた私が、急に敵になったりとかあるんですけど。でもそのときに、もう1人の職員がきちっとフォローしてあげれば、その後拒否なく、お風呂だったり、おトイレだったり、ケアができるので……。だから、ほんと、認知症の人って、かかわり方次第です。この人は、暴力が出ちゃうとか、拒否があるとか(っていうのは)、それこそ、そこにはやっぱり理由があるから、怖いからとか、やだからとか……。**[私:そうすると、ケアしている側は、ある意味で演技か、ドラマをやってるみたいですねぇ(笑)]** そう、そうなんです、だからホーム長が、よく言うんです。私も、すごくそれ共感するんですけど、やっぱりね、女優になる、俳優になる、っていうことがすごく大事です。

もぅ、演技者ですよ、その人の時代についていくのも一つの演技だし、その人の思ってることについてってあげるのも演技だし、そう、ま、楽しいですよね、そう見れば。

なるほど、このような「わたしの家」における2人介助の神髄にあるもの。それは、介護者があたかも女優や男優のような演技者としてふるまう介助の演劇化、またそこで用いられる介助現場での演出術といった意味において、まさに「介助のドラマトゥルギー」と呼ぶこともできそうである。

もちろん、家庭でもこんな対応ができたら、どんなに良かっただろうと思う。ただ、そもそも私たちは、家族のなかで親と子、あるいは、きょうだい同士で演技をするとか、状況によってお互いに「良い役」と「悪役」をくるくると交換するなどといったふるまい方に、まったくといってよいほど習熟できていない。しかも、認知症になった家族が、なぜ、そんなふるまいをするのかがまったく理解できず、「その人のいる時代や思考についていけない場合」には、尚更である。

たとえば、このグループホームにおいて、スイッチが入ると突然、30～40歳代に戻ってしまう女性がいた。ある若いスタッフが、彼女から「なぜ、私はここにいるの?」「あなたが私をここへ連れてきたのね、早く返してよ」と迫られて、落ち着かせようと体に手をかけたところ、今度は、「誘拐男!」といって怒りはじめた。そして、それ以来彼女はずっと、彼女にとっての〈誘拐男〉なのだという。

そうしたときに、誰か他のスタッフが味方になってあげたら、たしかに彼女は安心するし、対処もしやすくなるだろう。ただ、彼の側からしたら、いくら演技だといっても〈誘拐男〉を続けていくのは、なかなか辛抱のいることには違いない。

しかしながら、このような演技を積極的に行っていく意義は、たんに入居者を安心させ、落ち着かせるためだけではなかった。次のように金子さんが述べている点が、ここではとくに重要だと思われる。

――（ケアを受けるさいに、子ども扱いをされて怒る人もいるし、むしろそうした扱いを喜んで受け入れる人もいるように）そこのところを見極めるのが、介護する側にとって大事なことなんですよ。だから、全員同じケアではだめなんですよ。そういうことなんです。だから、その人に応じて、その人が何を望んでいるかっていうところを、私たちがわかっていないと、もう、一辺倒な介護になっちゃうので。それができるのが、（規模の小さな）グループホームだと思います。特養にいたときには、やっぱり、無理でしたよね。ここに来て、ああ、どれだけ私、認知症をわかってなかったんだって、すごく思いましたもんね。たとえば、ワンフロアーに50人いたとしても、じゃ、その50人の人の人生を全部把握できるかっていったら、いやー、無理だと思います……。

つまり、様々な演技を柔軟に駆使した2人介助がめざすところは、一人ひとりの入居者が望んでいることをふまえたうえでの、「一辺倒な介護」の対極にあるような個別的な介護の実現にあったといえるだろう。そして、そのために必要なのが、認知症になる前のその人の人生を知ることだという点についても、これまで「わたしの家」で繰り返し強調されていたことだった。

じっさい、入居者のなかには美容師やお習字の先生、銀行員、医者、警察官など、多様な職種や経歴を持った人たちがいる。逆にいえば、そうした人たちの生活史を十分に把握することなしには、介護抵抗の場での即興的な演技など簡単にできるわけではないということでもあるだろう。

しかし、入居者の生活史を知るといっても、本人や家族の語る人生は、結局のところ、その人の人生のほんの一部でしかないというのも、また事実ではないだろうか。そんなことをつらつらと考えてみているときに、ふと甦ってきたのが、いつも父に向けられていた、次のような母の決まり文句だった。

3 「風呂嫌い」——父との回想（その2）

「父ちゃんは、ほんにびったりなんじゃけぇ。戦争にいっとってから……」

晩のお風呂のときに、わが家ではしばしば父母のあいだで口論が沸き起こっていたものでした。そんなときに、母がよく口にしていたのがこのセリフです。

子どもの頃から、耳にタコができるほど聞いてきた言葉。でも、こうしてじっさいに再現してみると、山口県の山村で生まれ育った母の話していた方言が、本当にこれでよかったのか、おぼつかない限りですけれど……。

　そういえば、いま「口論」と言いましたが、あのときの父は、むしろ母から一方的に叱られていたといった方が当たっています。原因はいたって単純なことで、父が「風呂なら昨日も入ったから、今日はもぅええ」とか「今日は、汗をかかんかったから」などと口実をならべたてて、なかなか入ろうとしなかったからでした。ただ、いつも最後には母の強硬な姿勢に気おされて、しぶしぶ入っていたのでしたが……。ちなみに、「びったり」とは山口地方の方言で、たしか「不精」とかいう意味があったはずです。

　このような父のふるまいについては、もっぱら父の「風呂嫌い」というのが母の見立てでしたが、私は子ども心に、どこかいぶかしく感じるところもあったように思います。なぜなら、父は、気分がいいときには、エコーのかかる風呂場で大きな声をあげて「王将」や「踊子」を（主観的には）朗々と歌い上げていましたし、温泉に泊まったときなどは、日に幾度もいそいそと浴場に通っていたからです。

　とはいえ、そのような「風呂嫌い」が、戦時中に軍医として南方の戦線に従軍し、赤道直下のハルマヘラ島に駐留していたという父の経験と無関係でないのは確かなようです。

　そこで、もっと当時の父の経験に迫りたいと思って書籍をあさっているときに出会ったのが、『南溟不戦記――さようならハルマヘラ』（鈴木喬著、いれぶん出版、１９８３年）という書物でした。この本の特徴は、題に「不戦記」とあるように、南方に出征した著者が、軍の命令や病といった本人の意志とは無関係な理由によって、多くの戦友が前線に派兵されて亡くなっていくなかで、一度も戦闘を経験せずに帰還している点です。

多くの戦記物が、当然ながら戦闘シーンをハイライトにすえながら、そこに至るまでの軍事行動中心に書かれているのとは対照的に、この本には、著者の目にとまった異国の風物や兵隊の日常生活、そして現地の人々の暮らしや彼らとの交渉などが書きとめられています。まるで、戦争が生みだした人類学的記述といってもいいくらいです。たとえば、父も勤務していたかもしれない現地の病院の様子について、こんなくだりがありました。

丙地区の病院へ着いてみると、グルワよりは幾分か平坦地がひらけていたけれど、病院とは全くの名ばかり、熱帯樹林を切り拓いた荒地のあちこちには、大木の切株が無数に残り、屋根を椰子の葉で葺いた粗末な丸太小屋が幾棟か立ち並んでいるばかり、周囲はひどい湿地帯だ。なんとも陰惨な、暗澹たる環境で、私はあれほど待望していた入院が、全く期待に反したことにまずがっかりした。

病舎に入ると、中央の通路に足を向けて、両側にズラリと並んでいる患者は、見たところ片側に五、六十人、合計で百人あまりもいるだろうか、定員は六十人とかいっていたから、ザッと倍くらいの人数が入っている勘定だ。

私はこの中ほどの所へ、両側の兵隊を押し分けるようにして入れられた。両側の兵隊とは、互いに肘が触れ合うくらいの混みようだ。

入ってから驚いたのは食物の粗末さだった。番茶茶碗軽く一杯くらいの豆飯に、塩汁という食事が三度三度。患者は癒るどころか、ますます悪化するのではなかろうか。(鈴木 1983: 72-73)

そうして、さらに時間を巻き戻して、門司港から輸送船に乗せられて、すでに制海権があやしくなっていた水域を、丸1ヵ月かけて高雄からマニラを経てニューギニアへと至る船旅の次のような描写のなかに、たしかに父の「風呂嫌い」のヒントらしきものがあったのです。

船倉の中がまた異様な光景だった。荒削りの木材を荒縄で結び合わせて中二階みたいなものを作って、その上段下段双方を居住区としてあるのだが、もちろん立って出入りはできない。中腰で入ったら坐っているほかはない訳だが、一区画およそ四畳半くらいのスペースに、十二名の割当だという。兵隊はもちろん完全軍装だから、銃剣をはじめ持物はたくさんある。持物コミの十二名というのは、膝つき合わせても坐りきれるものではない。(中略)

十ワットくらいの旧式な透明の裸電球が十メートル置きくらいに点燈しているが、人の顔などはとうてい識別できない。その上ムンムンと湿っぽく熱いばかりか異様な臭気に満ちて

> いる。これでいったいどこまで何十日間の船旅をさせる気だろうと、私は腹が立つより情けなくなってきた。（中略）
> （マニラで）幾十日ぶりかで、タオルと石鹸を使って入浴した。物凄いばかりの垢にわれながら驚いた。（鈴木 1983: 22-23, 35）（傍点引用者）

父が南方に赴いたのは昭和18（１９４３）年、本書の著者と数ヵ月違いのほぼ同じ時期にあたります。ただ、著者の鈴木氏は二等兵。父は（軍医であり）上等兵だったので、待遇はもう少し良かったかもしれませんが、基本的には似たような状況を目にしたり、経験していたと思われます。

戦闘がはじまる以前の段階で、すでにこのような状態なのですから、軍隊経験のある人にとって、風呂はたしかに貴重なものでしたが、同時に風呂に何日も入らないことがあたりまえの状態になってしまっていたのでしょう。そうすると、平和な時代において入浴したり、（下着の）着がえをしたりすること、あるいは、たんに風呂に入りたいという思いをもつことだけでさえも、ある種の罪悪感や禁忌の感覚（「死んでいった兵隊たちに申し訳ない」）に触れるものになっていたのかもしれません。

そう考えてみると、父の「風呂嫌い」は、戦争というものがもたらした一つの病理ともいえそうです。ただし、だからといって、このような推測だけから入浴時の父の拒否の理由が説明できるようにも思えないのですが……。

　それはともかく、このようにホームでの入浴時の父の言動が、思いがけずも戦地の父へと、私の想像をどんどん羽ばたかせるような結果をもたらしてくれたわけですが、それも、元はといえば、介護抵抗の話に端を発していました。その意味で、このようにまったく新たな観点から父の人生を振り返ることができたのも、長い間、容易ではない父の入浴介助にかかわってくださったスタッフの皆さんの深い思いのおかげに違いありません。

4　入浴介助における《親密なもの》

　そもそも、このたびのテーマを得たきっかけは、父が最期の床についた2日目に、スタッフから入浴を打診されたときに感じた驚きが、どうにも忘れられなくなったことにあった。しかも、そのさいのスタッフの方々の口ぶりに、父が喜ぶに違いないという確信のようなものがはっきりと見てとれたことは、時がたって（父の日常的な介護抵抗にかかわる諸事実が否定しがたくなって）いくにつれて、次のような新たな疑問を生みだしていくことになった。**いったい、なぜスタッフの方々は、入浴時の拒否や抵抗が日常的な課題となっていた父にたいして、あえて体調の不良を押してまで入浴をほどこそうとされたのだったろうか？**

その謎をめぐってこれまで考えてきてみて、わずかながらわかりかけてきたこと。それは第1に、このホームにおける《入浴という介護実践》のもつ独特な重みである。そして第2には、そうした入浴の時間に父とスタッフの皆さんとのあいだで培われてきた、これもまたきわめて固有なというほかない《親密な間柄》の存在であった。

前者については、前章における「(帰宅衝動に駆られた入居者の)一人での外出」のさいに、迷った入居者をホームに誘うときに「お風呂入ってったら?」という声かけがなされることからも窺えるように、じつは、「わたしの家」の売りの一つが、入浴のシステムにあったという点は強調されてよかろう。

どういうことかというと、たとえば2001年の発足当時より、このホームでの入浴スタイルは機械浴ではなく、やや大きめの家庭風呂が用いられてきたこと、および、入浴時間についても、近隣の施設ではスタッフの数の多い午前ないし午後早くに設定されているのにたいして、ここでは夕方の夕食前の時間帯で行っていることがあげられる。とくに、機械浴については、最初の頃にためし導入をしてみたところ、利用者の人たちがリフトに吊られて入浴するのを大変恐がったためにすぐに取りやめたということだった。いずれの場合も、できるだけ家庭での習慣を踏襲することで、入居者の気持ちに寄りそったケアをめざした結果といえるだろう。その点では、第2節でみてきた入浴介護への「2人介助」という方法の導入についても、人手の手薄になる時間帯にあえて2人態勢がとられたというところにも、同様な配慮を見てとることができる。

しかし、そのような「わたしの家」ならではの介護実践の背後に、私には、たんにそうした「入居者の気持ちに寄りそったケア」と表現されうる以上の何ものかがあるように思われてならないのである。

その点こそ、後者の《親密な間柄》にかかわる問題にほかならない。ここで是非とも、冒頭にあげた父の暴力にかんするスタッフの語りの続きの部分をみておく必要性を感ずる。なぜなら、その後の意外な展開が、従来見過ごされがちだった重要なことを考えさせてくれるように思われるから。

――ここ（髪）を、かーっと持たれて、もぅ、わかった、先生、ごめんねごめんね、じゃ、やめようかーって言って、しばらくこうやってやってたら、たぶん、そこでまたこぅスイッチが入れ替わっちゃったんですよ。で、つーっと立って、そのまま浴槽へ行こうとしたので、「先生、おズボン脱がないとお風呂入れませんけど」って言ったら、「あっはっはーー」と笑って、ほんの一瞬だったんです、それが、うーん。でもぅ、（体を）洗って、（湯船に浸からせたり）したら、「君、そんなとこに立ってないで、ほら、ここ（自分の入った浴槽のすき間）に入りたまえ」とかね。そうですね、うん、やっぱそういう面もあるし、時々、スポッと入っちゃう。だから、そこが、ちょっと、私たちにはわからない部分ですかね、うーん。でも、楽しましていただきましたね、先生には、たくさん、ほんとに。7年前にここに入って、三浦先生にはほんとに、いい経験をね、いろんな経験をさせていただきました。でも、ほんとに、楽しいですね、たぶんもぅ、皆さん職員が、ね、「じゃ先生、ベットに横になろうか」っていうと、「君も寝なさいとかね」**［私：困ったもんですねぇ］**いいんじゃないですか?「縦でも横でもいいよ」とか言ったりね、冗談言って（笑）。いつのまにか、ふっとすると、昼間でもね、あの、ソフト帽とか被って（日中は施錠されていない玄関から）でていってたり、とっととっとね。音楽がかかると踊りだしたりとかね、してくれて。まぁ、でもほんとに、先生との、楽しく、ふふふ、いろんなことありましたけどね、ははははは、もぅ、でも、皆さんそうですね……。

まだまだ、結論じみたことが言える段階ではないのだけれど、「最期の入浴介護の申し出」の背後にあったものとは、もしかすると、普段の介護する／介護される関係性をこえていくような、ある種の相互的なケアへの志向性だったのではないだろうか。右のような話にじっくりと耳を傾けていると、どうしようもなく、こんなふうな仮説が浮かびあがってきてしまうのである。

ここでいう「相互的なケア」とは、それまでケアする側だった者が、ふと気がついてみれば、自分自身もまた、ケアする相手によって癒されたりケアされている状態にあるような、そのようなケアのことである。つまりは、ケアする側とケアされる側との境界が一瞬消え去ってしまったかのような、そのような状態におけるケアのこと、といっても良いだろう。重要なのは、それは、ケアする相手の冗談や突飛な行動、そして相手の豹変という事態さえ（わからないなりに）心から楽しめるような《親密な》関係性が成り立っていて、はじめて可能になるという点である。

もちろん、このような「相互的ケア」が、このホームにおいて恒常的に成り立っているわけではない。今回は触れなかったけれど、たとえば、１人が心のケアを担当する「２人介助」もけっして万能ではないのであって、ときには、ある入居者がすべてのスタッフを「敵」や「悪い人」とみなしてしまって暴力に訴えるといった事態に至ることもあるのだという。そうした意味では、「相互的ケア」とは、あくまで志向性なのであって、理想に止まらざるをえないものなのだろう。

しかし、だからこそ、スタッフの皆さんは、父の「最期の介護」のときが迫りくるのを直感したときに、まさしくそうした《親密な》関係性を象徴するかのような入浴ケアによって父を送ろうとされたのではなかっただろうか。

第5章 〈介護と医療のより良き連携〉のゼロ地点から

1 2019年11月の「わたしの家」

——いま、(ここの桂棟に) 入居されてちょうど3年目の方で、がんの末期の、ほんとにもぅ、あと間もないかなぁ、っていう状態の方がおられるんです。今までこのホームでは、(基本的に) 老衰の (方の) 看取りだけを対応してきたんですけど、今回はじめてうちで、がんの看取りが出ますねー。

2019年の11月下旬。めっきり秋の深まりが感じられる晩秋の午後、私は久しぶりに「わたしの家」を訪れていた。前回伺ったのは1月だったから、ほぼ10ヵ月ぶりになる。その間に、看取りをめぐって、また新たな事態が生じているようだった。

隣接する楓棟の室内改装工事が前日から入っていたために、この日は、楓棟のメンバーとの合同介護が桂棟内で行われていた。リビングルームに普段の2倍近い人たちが集ったこともあって、スタッフや入居者の声高な話し声にBGMで流れる高音量の唱歌が重なって、いつになく賑やかな雰囲気がホーム全体をつつみこんでいた。

それだけに、開口一番、右のように切り出したホーム長の金子さんのお話に耳を傾けながら、私は、なんともいえない感慨が湧き上がってくるのを禁じえなかった。

その理由として、まずは金子さんの受け答えのなかに、ちょうど4年前にこのホームで父を看取ったときとは比べものにならないほどの、看取りに対する用意周到さや、泰然とした覚悟といったものが滲み出ていたこと。そして、これまでなかなか現実的には考えられなかったホームにおけるがん患者の方への看取りが、いまや近々にもなされようとしていること、等々があげられよう。

しかし、それだけではなかった。いや、それ以上に、今日の合同介護の場の賑やかな雰囲気に象徴されるように、**死期を間近に迎えようとしている入居者を、こうした〈ニギヤカさ〉のなかで見守りながら、ゆったりと送り出そうとしているところ**にこそ、ある種の（父の看取りのときから）変わらぬ「わたしの家」らしさといったものが凝集されているように思われたのだった。

じっさい、さしも賑やかなリビングルームを囲むように配置されている9つの個室のどこかの部屋で、いま、がんによって最期を迎えようとしている人がいるということ自体、なんとも奇妙なことに感じられないだろうか。私たちは、死にゆく人のそばでは、できるだけ病室内外の環境を静謐に保とうとしがちである。ところが、「わたしの家」においては、容態が安定している限り、夜間以外はできるだけ居室の扉を開けたままにしておくことで、リビングルームにおける人の気配や話し声や物音から食事の匂いにいたるまで、部屋に居ながらにしていつでも感じられるようにしているという。したがって、ここでいう〈ニギヤカさ〉とは、**たんに人が多くいるというだけでなく、そのような生活感に満ちた雰囲気そのもの**をさしている。

なお、右のような病院とも、ホスピスとも、また在宅の場合とも違う、このグループホームならではの看取りにみられる〈ニギヤカさ〉については、第3節で、私の体験をもとにさらなる考察を試みたい。

それにしても、ここ1年たらずのあいだに、いったい、どのような出来事がこのホームにおいて生じていたのだろうか？　冒頭での発言に続けて、金子さんは次のように述べている。

――今まで、がんの看取りって、やっぱり医療面がはいってくるし、もう、できないんじゃないかって、ずーーっと思ってたんですよ。ま、（この四年間）ここで、いろいろ看取りをしてきて、で、昨年、うちの母のがんの看取りをしていくなかで、あ、もしかしたら、うまく訪問診療をつなげれば、（ホームでのがんの看取りも）できるんじゃないかっていう思いに、ちょうどなってきてたところで……。今までそれができなかったのは、（連携する近隣の）病院が、その、やってないんですね、がんの看取りとか、その、在宅診療に力をさほど入れていないってこともあったんですが……。

それで、（新たな連携先を）探したんですよ。今回（4月に）その方（の診断）が（末期がんと）なったときに……。（ホームに月2回定期的に訪れる）訪問診療の先生が、たまたま、（以前に）がん（研究）センターの先生をしてらした先生だったので、で、（柏市にある）がんセンターの先生につないでくださって、緩和の先生とも、あの、仲が良くって、つないでくださってたので……。で、つなぎながら、じゃあこぅ（ホームのある）流山で、（疼痛管理やターミナルケアを含めた）在宅診療してくださる先生はどこかっていうのも、ま、だいたいわかっては、こちらでもいたので、で、つないでもらって、1ヵ月ぐらい前から（24時間態勢で）入ってもらってます……。

以上の話からわかるように、ホームにおいてがんの看取りが可能になった背景には、ホームにおける（老衰死での）看取りの経験の蓄積に加えて、前年、末期がんの母親（当時、ホーム長だった大角さんのこと）を在宅で看取るという金子さんご自身の体験があったことが窺える。

そして、それらの経験があったがゆえに、このたびの看取りにおいては、従来からつながりをもっていた近隣の総合病院とは異なった、他のがん診療を専門とする病院や、訪問医療、在宅医療にかかわる医師やクリニックとの多チャンネルの連携を作り上げることができたということであった。なかでも、訪問診療の医師→がんセンターの専門医・緩和医療の専門医→在宅診療の医師といったかたちでのいくつかのネットワークを活用した医療との連携の拡大がなされている点は、きわめて興味深い。

そこに、父の看取りのときとの大きな違いがあったとすれば、それは、このたびの〈がんの看取りの〉ケースにかんする限り、それまで連携していた近隣の病院から他の〈がんの専門〉病院や〈在宅診療をする〉クリニックへと、連携先がはっきりと移されている点であった。

こうしたケースは、ホームでの看取りにおいて〈介護と医療のより良き連携〉が、具体的にどのようなプロセスをたどって進展していったのかを考察するうえで、一つのたいへん意義深い事例だということができる。

2 連載5年目の中間報告として

さて、今回のエッセイでは、「連載5年目の中間報告」というかたちで、以上のような「わたしの家」の看取りが到達した現地点から、あらためて5年前になる「グループホームでの父の看取り」を振り返るための認識枠組みを作り替えて（／洗練させて）いくことがめざされる。それは、別言すれば、**今日に至るまでの（そして、今後とも進展していくであろう）「わたしの家」での看取りの実践におけるゼロ地点として、「父の看取り」を位置づけること**にほかならない。ここで、「ゼロ地点」とは、「はじまり」ないし「初発の状態」といってもよいだろう。

というのも、じつは「わたしの家」にとり、2001年のオープン以降、入居者を老衰死（自然死）で看取るのは、父がはじめてのケースだったからである。その点では、スタッフも私たち家族も、いわば看取りのあらゆる段階にわたって手探り状態にあったのであって、今日の状況とは似ても似つかないような（私の個人的感情を吐露するなら）「おっかなびっくり」で看取りに臨んでいたといってもけっして過言ではなかった。

そうした事情のなかで、（これは父がまだ亡くなる前のことだが）当時ホームの管理者を務めていた金子さんは、（父の看取りが近いことをはっきりと念頭に置きながら）ホームにおいて看取りを行っていくことの必要性や意義について、次のように述べていた。

――ほんとに、いま、グループホームがやっぱりその看取りをしていかないといけない時代っていう風になってきたので、ね。前は、昔はグループホームに入って状態が落ち着いてくると、たとえば皆さん、ほかの施設に入ったり、特養に入ったりとかいう流れだったんですけど。だんだんだんだんやっぱり、皆さん高齢化で長生きされてくると、このままね、じゃ、ここの（認知症がさらに深まった）段階から（他の）施設に入れるのってどうだろうとか、病院はいるってどうだろうってなってきたときに、やっぱり、グループホームも一つの看取りをしていってあげられるような環境をつくっていかないといけないのかなーと思って。そのためにはやっぱり医療がね、ここもそうですけど、医療の関係者が常駐してないところって、どうしても難しいんですよね、医療がかかわってきちゃうと。ほんとに、医療がかかわらず、自然になってなってくると、また、それの方が逆にね、ま、やりやすいっていうのは変ですけれども、まぁ［**私：そういう感覚**

があるんですね？　やりやすいっていう感覚？」ありますね、ナチュラルに、だから自然に考えればいいので。

じっさい、その頃、グループホームで入居者を看取るというのは、まだまだ珍しいことだった。なぜなら、グループホームという制度が発足した段階では、比較的軽い（つまりは、初期の）認知症の人たちを対象として、お互いに自分のできることを分担しあいながら共同生活を送っていく、ある種の中間的な施設としての機能を果たすことが期待されていたからである。

そのため、要介護度が1～2程度の、会話や歩行、それに身の回りのことをする能力はあるけれども、自身の認知機能の衰えにたいして激しい葛藤や混乱をかかえた入居者を、まずは集団生活のなかで落ち着かせ、その進行をできるだけ遅らせることがグループホームに求められた役割だった。そうして、さらに要介護度が進み、認知症が深まってきたときには、入居者は、グループホームから他の介護施設や特養、あるいは病院へと移っていくのがありうべき一つのモデルだった。

ところが、初期の予想に反して、グループホームへの入居が長期化するケースが増えるにつれて、ホーム内での高齢化も進んでいった。その理由としては、当初のもくろみ通り（というより期待以上に）ホームの環境が、認知症の進行をゆるやかにさせて、入居者の健康の維持や、新しい居場所づくりに貢献したこと、そうして、入居者や家族が他の施設や特養へ移動するよりもホームに止まることを強く望んだこと、などがあげられよう。

ともかく、こうした流れのなかで、グループホームの機能を、利用者にとって「中間施設」としてではなく「ターミナルを迎えられる施設」へと変容させていこうとするホーム内部からの積極的な動きが、5年前の「わたしの家」における最初の自然死（老衰）での看取りの実現へとつながったのだった。

そこで、以前にも増して重要になってきたこと、それが、**医療との連携を、とりわけ終末期（「人生の最終段階」）において、死にゆく側と看取る側とが、どのように主体的につくりだしていくかという問題**であった。

じっさい、この連載エッセイの初回において、私は「介護と医療とのより良き連携を求めて」という問題提起を行いつつ（第1章）、「〈医療行為をしない人の死〉はどのように訪れるのか？」といった観点から、最期の床に伏した父の容態の変化と、医療側からの対応（入院や検査や治療という選択肢の可能性）に対して家族やホームのスタッフが抱かされた様々な危惧や葛藤を詳細に描きだそうとしてきた（第2章）。

ただし、そこでの看取りとは、「（日常的なケア以外のことは）何もせずに看取る」というキーワードに端的に表れていたように、〈終末期における「医療との距離化」〉をこそめざそうとするものであった。また、じつのところ、その点では、金子さんのいう「医療がかかわらず、自然になってなってくると、また、それの方が逆にね、ま、やりやすい。ナチュラルに、だから自然に考えればいいので」という考え方と共通する部分も多かったのである。

つまり、私たち（家族とスタッフ）は、父の看取りに際して、介護と医療との「より良き連携」を求めたものの、結果として、「医療との距離化」をとらざるをえないという、一見するとパラドクシカルな事態に遭遇していたのである。それは、老衰（自然死）での看取りにおいて、医療側からの過剰な介入が問題視されていたことからすれば、やむをえないことだった。

しかし、いったん、看取りの対象をがんの患者さんに広げてみたとき、当然のことながら、そこには大きく異なった医療との連携のあり方が求められるであろうことは予想できる。そして、金子さんが、着々と訪問医や専門医、在宅医とのあいだにマルチなチャンネルを作り上げてこられていることは、すでに見てきたとおりである。そのきっかけとなった、ホームでの看取りや、在宅での母上の看取りの経験も含めて、その新たな〈介護と医療との連携〉の形成について明らかにしていくことは、次回以降の興味深い課題となろう。なぜなら、現在の到達点から光をあててみて、はじめてそれとして認識できるような過去の問題点も多々存在するように思われるからである。

と同時に、この連載エッセイでこれまでに強調してきたのは、「わたしの家」の介護実践には、〈このホームならではの介護の精神とスタイル〉が存在しており、それがまた、このグループホームでの看取りの独特さを生みだしているという点であった（第3章）。その意味では、「わたしの家」における〈介護と医療のより良き連携〉のゼロ地点において、〈ホームならではの介護の精神とスタイル〉が看取りにおいていかなる役割を果たしたかを探求していくことこそが、まずは、このエッセイにおける喫緊の課題となる。

そのために次節では、私が父のベッドサイドで体験した、看取りにおける〈ニギヤカさ〉なるものがいったいどのようなものだったかについて、是非とも報告しておきたい。

3　最後の一夜／夜の〈ニギヤカさ〉――父との回想（その3）

2015年12月7日（月）。この日の夜間の付き添いが、父と過ごす最後の一夜になろうとは、そのときには思ってもいませんでした。冷静に考えれば、父の容態はいつなんどき、なにがあってもおかしくない状態だったので、そんなおそれもあるとわかっていたはずなのですが……。ともかく、7日の朝、いつものように父に面会するために「わたしの家」を訪れて父の容態の急変を告げられた私は、知らせを聞いて駆けつけてきた姉とともに、今後の対応についてあれこれ話し合いました（その点については、次節を参照）。そして、昏睡状態にあり、容態が落ち着かない父を一人にしておけないので、その夜、私が父に付き添うことになったわけです。ただ、夕方仕事のため都心で人と会う約束があったため、用事を終え「わたしの家」に戻ってきたときにはすでに夜9時を過ぎていました。

そのとき桂棟の玄関で私を迎えてくださったのが、この日の夜勤担当のDさん。Dさんは2人いる男性スタッフのうちの1人で、停年退職され第二の人生のために介護を学んでいるとのことでした。まだここで働きはじめて1年たらずでしたが、背が高く大柄なわりに几帳面で声かけも丁寧なので、すっかりホームにとけこんでいました。

そんなDさんと、私もここ何度かの面会を通じて顔なじみになっていました。ただでさえ心細い夜の付き添いに、Dさんのような存在が身近にいていただいたおかげで、どれだけ力づけられたか知れません。では、それがどんな力づけだったかというと、なかなか簡単には説明しづらいのです。あえてそれを言葉にするならば、父を中心にしてDさんと私との3人による（／がいる）不思議な時間を過ごすことができた、とでも言えばよいでしょうか。

それは、もちろんDさんが、介護職としての専門性を身につけていることと無関係ではありません。夜勤のDさんは、深夜でも数時間おきに桂棟の各室（全9室）を巡回しては、排泄の介助等の仕事をされています。したがって、先の「3人による（／がいる）不思議な時間」とは、主にその巡回のさいの出来事のことです。

ところで私は、さっき「付き添い」と言いましたが、一晩中寝ずの番をしていたわけではありません。はじめのうちは、父のベッドサイドの椅子にすわって、今日一日のあわただしい出来事を振りかえったり、明日以降のスケジュールの変更について考えたりしていました……が、いつのまにか今夜のために部屋に入れていただいた簡易ソファーに横になって、うつらうつらしていたようです。

ふと、人の気配に目覚めて起き上がると、Dさんが大きなバケツやビニールの袋やシート、新聞紙類をかかえて部屋に入って来られたところでした。そのバケツからは、鼻を突くような強烈なアンモニア臭が漂ってきます。きっと、他の部屋で取り換えてきた洗い物やオムツやパット類が入っていたのでしょう。

私に「そのまま、休んでてください」と小声でいうと、Dさんは、ベッドの父を覗きこみながら、「先生、わかりますか」「苦しいですか」等々とそっと声をかけながら、様子をみています。そうして、濡れている場合にはオムツやオムツパットを交換したり、床ずれができそうな部位の体位を変えたり、父が目をさましているときには、氷片を口に含ませて水分を摂らせるよう心がけたり、といった作業を手際よくされています。

そして最後に、持参した計器類を使って、血圧や心拍数、体温を測って記録すると、帰り際には、作業を見守っていた私に、父の容態について気がついたことを二言三言伝えてから出て行かれるのでした。

このようなDさんの深夜の巡回作業は、定期的に行われます。Dさんの来室によっていっときシャキッとした私は、再び椅子にすわって父の見守りを再開します。そうしていると、小さいときに散歩でよく肩車をしてもらったこととか、海で子亀のように背中におぶわれて沖まで連れて行ってもらったりした思い出が一気に押し寄せてきて、それに浸っているとまたうとうとしてきてソファーに戻って眠り込み……気がつくとDさんが、あのアンモニア臭をぷんぷんさせるバケツとともに来室していて、父に声をかけたり、パットを替えたり、バイタルを計測していたり……の繰り返しが、そのときの私の感覚では幾度となく、朝まで続いたのでした……。

しかも、うつらうつらしているあいだに私が聞いたのは、父に呼びかけるDさんの声だけではなかったのです。その日の午前中に聞いた、隣の楓棟もふくめ他のスタッフの人たちの父を気づかう声が、まるでこだまのように甦ってきたものです。さらに、そこに加わったアンモニアの匂いさえも、そうした〈ニギヤカさ〉に彩りをそえるものとして、慣れてしまうと懐かしく感じられてきたものでした。

そのおかげで、私は、夜間にたった1人で父を見守る心細さから解放されたのだと思っています。そうしたグループホームにおける看取りの特長の一つとして、Dさんのようなスタッフの方たちが、ローテーションによって入れ替わり立ち代わり、毎晩欠かさずに父の見守りを担ってくれていたということがあげられるでしょう。しかも、そうしたスタッフの人たちは、短い人でも1年、長い人だと父が入居して以来7年間にわたって父を介護者としてずっと見守ってこられているわけです。

家族ではない人たちが、家族以上に深く日常性を共有しながら、しかも介護の専門性を生かしつつ24時間見守ってくれていること。それが、私たち家族にとってどれほど心強いことだったかを、私はこの一夜に、身をもって感じさせられたのでした。

とはいえ、今になって思い起こしてみると、この日のDさんの立場が、いかに不安や緊張を強いられる大変なものだったかが推察されます。これは、恥ずかしながら、この文章を書きながら、はじめて気づかされたことなのですが……。

それはともかく、Dさんの寝ずの介護のおかげで、なんとか父は一日二日を争うような状態からは脱したようでした。次に引用するのは、私がノートの端に書きつけていた、翌8日の早朝、Dさんと早番のスタッフとのあいだでかわされた会話です。

「先生（医者だった父のことである）、帰ってきたかな、あっち側から」

「ええ、戻ってきたような……」

4 介護日誌にみる〈医療的なもの〉との係りの多義性——協同・折衝・距離化

それでは、父が最期の床についたその12月7日（月）から、臨終を迎えることになる12月12日（土）にかけて、私たち家族は、介護スタッフの方々からの様々な助言を受けながらも、連携する病院とのあいだで看取りをめぐって、いかなる連携的関係を、どのような具体的プロセスを経てつくりあげていったのか？ そしてそのさい、医療側との接点役を果たしていたのは、いったい、どんな職種の人たちだったのだろうか？

そうした問いについて考察していくにあたって、当時の介護日誌の記述はいろいろな点で参考になる。

それはまず第1に、グループホームの日常のなかに埋め込まれていた〈医療的なもの〉との係り方について、長期間にわたる観察情報をもたらしてくれる。たとえば、月に1〜2回の割合で行われる医師による訪問診療や、訪問看護師による巡回についての記載がある。ただし、提供いただいた最終年度の日誌をみる限り、父の体調が年間を通じて比較的良好だったこともあって、訪問医の診察については、「特変なし」（あるいは、医師からの特段のコメントなし）の記述が大半であった。また、訪問看護師の巡回についても、時々、湿疹への軟膏塗布の処置や、用いる薬剤についての介護者への指示が記載されているのが散見される程度だった。

このような、入居者の健康の維持・管理や病の治療を目的とした、ホーム側からなされる医療にたいする長期的で安定的な係り方のことを、ここでは〈医療的なもの〉との協同的な係りと呼ぶことにしたい。

しかし第2に、ある時点（とくに父が床に伏した日）を分岐点として、それまでとは大きく異なった〈医療的なもの〉との係り方が日誌の記載のなかに表れていることがわかる。それを端的に示しているのが、以下に引用する12月7日の介護日誌における《（家族への）三つの選択肢の呈示》と記載された箇所である。

「HP（病院）へ行くかどうか」「このまま様子をみて見守るか」「訪看（訪問看護師）を呼び状況をみてもらうか」という選択肢が、いずれも疑問形になっていることに注目したい。これはつまり、

「病院に行くか、行かないか」、「訪看を呼んで相談するか、しないか」、「どちらもせずに、このまま様子をみるか」といった水準にかんし、ただただ、問いが投げかけられている状態だといってよかろう。

このように、これまでの協同的係りにおいてはあまり意識されなかったような、医療との距離を決めかねているこうした状況のことを、ここでは〈医療的なもの〉との折衝的な係り方と呼んでおきたい。なお、ここで折衝的な係りとは、「病院へ行く」とか「訪看を呼ぶ」といった医療的な判断をとりあえず保留することであり、その場合には、程度の差はあれ、もしも「病院へ行かない」、「訪看を呼ばない」といった決断をすることになれば、結果として、その時点における医療との一定の距離化が生じることになろう。

そして、じっさいに私たち家族は、その後、介護日誌の《家族による検討の結果》の記載にあるように、「本日は訪看を依頼せず、様子をみたい」「家族はグループホームでの看取りを希望」「ＨＰの検査や点滴も望まず」という当面の結論を出したのであった。そのときの、結論を出すに至るまでの悩ましい試行錯誤の過程については、すでに第２章で詳述している。

しかしながら、そこでの結論が、〈医療との距離化〉の最終的なかたちであったわけではなかった。むしろ、その時点での暫定的な結論でしかなかったという方が妥当だろう。それは、看取りにおける判断が、つねに刻々と状況が変わるごとに揺らぎうるものであることからすれば、むしろ当然なことなのかもしれない。

とはいえ、じつのところ、今後、**その暫定的な結論がどのように変化していくかを追っていくうえで、是非とも看過できない鍵となる存在**があったのである。しかも、その存在自体が、奇妙なことに、この日誌のなかでは、非常に両義的な意味づけのもとに表されているのであった。

以下の7日の介護日誌を見ていただければわかるように（なお、それ以前の6日から7日にかけての日誌は、すでに第2章に掲載済み）、その存在とは、ホームにおいて、〈医療的なもの〉との協同的な係りの文脈（波線部分）においては中核的な位置にありながら、〈医療的なもの〉との折衝的な係りの文脈（傍線部分）や距離化の文脈（二重傍線部分）にあっては、なぜか現場から遠ざけられてしまうような、ある意味、その立場性が揺れ動いている（当時の私の心境からすると）不確かさを備えた、なかなかつかみにくい存在だったのだ……。

12月7日（日勤Cさん）

9：40　Bp168/89 P94 Kt38.4
反応（－）生あくび（＋）目をつぶっている。
9：45　娘さん［私の2番目の姉（筆者注）］に電話　**状況を説明する**
10：00　若干、肩呼吸。眠りに入る。
10：25　息子さん［私のこと］面会。**状況を説明する**
11：25　娘さん面会　**家族へ状況報告**

「《三つの選択肢の呈示》［以下4行分　欄外に管理者が記入］

①熱発に対してどうするか？　↓　HPへ行くかどうか

②このまま様子を見て見守るか？

③実費で訪看を呼び状況をみてもらうか？

↓どの選択をしても、訪看には一報状況報告をする。」

12：05　ポカリ、カロナール服用させるが飲み込めず

13：30　氷を一カケラ口に入れる

「《家族による検討の結果》［以下5行分　管理者による付票添付］

・本日は訪看を依頼せず、様子をみたい。

・家族はグループホームでの看取りを希望。

・HPの検査や点滴も望まず。

←

・本日は長男［私のこと］が泊まり様子を見て下さるとの旨。」

この後、訪看に電話し状況を説明。訪看より＊＊先生（父の主治医）に連絡してくれるとのこと

14：30　Bp149/81 P97 Kt37.2　クーリングはずす　呼吸あらい　足の先若干冷たい　生あくび（＋）

15:00　**「日中は、ほぼ昏睡状態で、経口摂取は一切困難。**氷で潤すのみ［欄外に管理者記入］」
トゥーラにて口内の痰をとる　反応（－）　氷のカケラ一コ
息子さん［私のこと］　仕事へ行く
15:40　陰洗　パット（＋）　氷を口に入れる
15:55　Bp111/80 P100 Kt36.6
16:30　**訪看より電話あり。＊＊Dr（父の主治医）には連絡済み。呼吸が止まったら連絡くださいとのこと。**

この日誌を一読していただければ、この局面において看過できない医療的存在として、訪問看護師（訪看）という存在があったことは容易に見てとれよう。

それにしても、こうした昏睡状態の父親を前にして、なぜ、家族はあえてそのまま見守ることを選択したのだろう？　せめて、訪看を呼んで容態をみてもらうくらいはした方がよかったのではないか、と思われる向きもあるだろう。

じっさい、それは、私自身にとっては、揺れ動く気持ちのなかでのギリギリの選択だったたし、姉にとってもそうだったたと思う。

たしかに、医療につなぐという点では、日誌にもたびたび現れているように、訪問看護師は主治医と私たちとの接点として、きわめて重要な存在だった。しかしながら、だからこそ上記のような容態の父にたいして入院による治療を勧めてくることが予想される主治医とのつながりが強い〈と私たちが認識していた〉訪問看護師を呼んで様子をみてもらうことが、藪蛇になることを躊躇したというのが正直なところだった。

ところが、このあと、私たちと訪問看護師との関係は大きく変わっていく。そして、父の看取りにおいて重要な役割を果たすだけでなく、その後のホームでの看取りにおいても欠くことのできない存在になっていくだろう。

次回は、この訪問看護師の役割を中心において、看取りのプロセスを振り返っていくことになる。そうしたさいにヒントとなるものとして、たとえば、日誌のなかにある「実費で訪看を呼び……」という記述（傍線部の③）をあげられるかもしれない。そもそも、月に2回巡回して来る訪看さんに、「実費で来てもらう」とは、どういうことだろう?

もしかすると、この些細な記述のなかに、介護保険との関連における訪問看護師という仕事の独特な位置と、主治医にたいする一定の自立性を保証するような制度的な背景を読み取っていくことも可能かもしれない。

とはいえ、繰り返し述べているように、それと並行して〈ホームならではの介護の精神とスタイル〉が、看取りにおいてどのように発揮されているのかについても着目していく必要がある。その点で、最後に右の日誌に続く7日夜間から8日昼間にかけての介護日誌を掲載しておきたい。

7日夜間の日誌は、前節の記述と比べていただくと、また違った角度から当夜の〈ニギヤカさ〉を想像してもらえるのではないだろうか。また、８日昼間の日誌については、とくに傍点ゴチック部分に注目してほしい。というのも、そこにみられるのは、まさしく〈医療的なもの〉の範囲を超え出た何かとしかいうほかないものであったから……。

12月7〜8日（夜勤Dさん）

18：00　眠っている
19：45　Bp142/92 P109 Kt37.7　クーリングする　肩で息している　眠っているが苦しそうな様子
20：30　パット（－）
21：00　Bp180/104 P101 Kt37.5
21：15　長男［私のこと］来所・付き添いで宿泊　**現在の状況説明**
23：00　Bp143/113 P102 Kt37.8　３点クーリング
　　　　氷のかけらを口に含ます。含む時口を閉じる
24：00　パット交換（＋）
1：00　Kt37.7　クーリング交換
3：00　Bp164/103 P95 Kt37.6　クーリング交換　肩で息しているが良眠
5：00　Kt37.5

6：25　Bp145/93 P84 Kt37.4　クーリング交換
7：15　氷　咀しゃく反応あり
8：55　声かけに反応あり手を握り返す

12月8日（日勤Eさん）
9：45　パット交換　尿（ ）少量濃縮　ヨーグルトを刺激反射
10：00　Bp138/81 P99 Kt37.5　声かけすると「あー」や「おー」など発声がある
少し笑顔みられる
11：30　娘さんが面会　尿パット（二）
職員の意向で入浴介助を家族に相談する。許可が出たので準備を行う。
13：30　Bp167/99 P115 Kt38.4　声かけしても反応がない
14：30　**入浴。入浴中は、目を開けられる**
臥床後は肩呼吸　Bp148/86 P112 Kt37.6　氷で潤す
17：50　Bp161/101 Kt38.4　肩呼吸　呼吸が荒れている

以上のように本節では、7日から8日にかけての介護日誌を分析してきた。たった1日半分の記載のなかにも、多様な要素が見いだされることがわかるだろう。

ちなみに、8日の傍点ゴチック部分とは、第3章から第4章にわたって考察してきた「最期の入浴ケア」にかんする記述にほかならない。この出来事が、それまで見てきたような〈医療的なもの〉とは大きく異なる論理によって行われていることは明らかだろう。その論理を、このエッセイでは、〈ホームならではの介護の精神とスタイル〉と呼んできたのであった。

そして、今回の執筆を終えて、この「最期の入浴ケア」もまた、「わたしの家」ならではの〈ニギヤカさ〉の一つではなかったかと感じている。じっさい入浴も、「ああ、いつもの風呂に入れてよかったなぁ」という喜びを最期に生みだすという点で、そして介助スタッフとのあいだの様々な記憶に包まれているという点で、人の気配や話し声や物音、食事の匂い等と同様に、このホームにおいて生活感に満ちた雰囲気のなかでの看取りを支える重要なアイテムなのかもしれない。

第6章　訪問看護師——その役割の多様性と柔軟性をめぐって

1　日々のヘルスケア（健康管理）から看取りまで

——ここ（のホームに訪問看護師として訪問するようになって）16年になるんですけど、ここで亡くなる方って、私が全部、あの、送り出しているんです、不思議と……［**私：それは、ご自身のご担当のときということですか？**］担当の日ではないんですよね。（ホームとの介護保険の契約である）医療連携体制加算というのは、24時間対応っていうこと（が条件）なので、24時間、日曜祭日、深夜でもいつでも連絡取れる、っていう（条件での）加算なんですね。それで、（訪問看護ステーションの）スタッフ6、7人いるなかで、交代で、その緊急電話当番をもっているんですけれども、たまたまその当番のときに限って、私が見送るかたちになるんです（笑）［**私：そ**

れは不思議ですねぇ」そうなんですよ……**「ホーム長：うち、これまで8人、看取りをやってきましたけど、その全員ですよ、全員！　すごい確率よね」**だから、なんかここには御縁があるのかなぁって個人的にも思うんですね。深い縁を感じるんです、はい、ふふふふ（笑）。

これは2019年の1月、「わたしの家」で、その3年前に父が他界したさいに大変お世話になり、最後には父の「送り出し」にまで立ち会っていただいた訪問看護師さんへ行ったインタビューの一部である。

このインタビューは、父が亡くなってから、いつか必ず行わなくてはならないと心に決めていたものだった。しかし、なにぶんにも看護師さんは日ごろから忙しくされており、なかなかお話を聞くチャンスに恵まれなかった。今回も、私が是非ともと懇願するかたちで（たまたま、先方のご事情とも折り合いがついたこともあり）ホーム長に間をとりもっていただいて、なんとか実現にこぎつけたのだった。

父がホームに入居していた7年を振り返ってみると、面会に訪れたさいに、出入りする訪問看護師さんとすれ違ったり、挨拶したりすることも幾度かあったように思う。ただ、そんな折りに見かける看護師さんは、いつも用事を終えるとそそくさと帰られる（じつはその後に、まだ何件もの訪問先が控えているという事情があったのだけれど……）というイメージがあり、私たち家族が言葉をかわす隙もないように（これも、後述するように、訪問看護の契約先が、個々の入居者や家族ではなくグループホームだったことに係わるのではあるが……）感じられたものだった。

訪問看護師さんとのそんなニアミスを繰り返していくなかで、私のなかに、そのお仕事についてどこかしらミステリアスな（つまりは、なんとも捉えどころのないような）印象が積み重なっていったように思う。こうして、じっさいにお話を伺ってみると、訪問看護師さんが勤務する総合病院への所属のあり方とか、医療と介護にまたがるような複雑な指示系統の存在だとか、さらには具体的な仕事の中味や個々のクライアントとの細かな関係性にいたるまで、どうもこれまで私たちが接してきた「病院で働く看護師さん」とはずいぶんと異なった働き方をされていることがわかってきた。

たとえば、私は、訪問看護師さんも、基本的には勤務先の病院のナースステーションに詰めていて、そこから必要に応じて訪問先に出向いて行かれるものとばかり思い込んでいた（というのも、その病院に入院していた患者さんが退院して在宅療養に移るさいには、同じ病院の訪問看護師が係わることが多いので、主治医との連携がとくに必要だと思われたから）。ところが、訪問看護師がふだん常駐しているのは、病院とは別棟になる訪問看護ステーションであって、そこには居宅介護支援事業所も入って、つねに事業所のケアマネージャーとの連携のもとに毎日の業務がなされているということだった。

――病院の医師の指示のもとに、介護保険でご存じだと思いますけど、ケアマネージャーさんがトップに立って、で、いろんな介護サービスがあるわけですけれども。そのケアマネージャーさんと同じ事務所に（訪問看護ステーションが）あるので、すごく連携がとりやすい……［私：

事務所っていうのは、病院のなかに？」病院のまぁ近く（近隣）ですけどね。病院の看護師とはまったく別に（働いていて）、はい。そんなに看護師としての（仕事の）内容は変わらないんですけれども。ま、病院でやってる（看護に類する）ことは、（患者さんが）おうちに帰って（からも）やる看護師っていう感じで受けとめていただければ……。

たしかに、看護の仕事という共通部分に限ってみれば、「やっている内容は変わらない」のかもしれない。ただ、右の語りに続く次のやり取りからは、病院の看護師と訪問看護師がおかれた業務上の位置の違いが明瞭に浮かびあがってくる。

――［私：それで、お医者さんが往診されるときに、そこに付き添うこともありますか。それは、違うんですか？］それは、あのぅ、ドクターが往診ていうのは医療保険で行くので……、その場合は、病院のナースが同行したりしますよね。

つまりは、病院のナースと訪問看護師との業務のあいだには、それが医療保険にかかわるか、それとも介護保険にかかわるかという違いに応じ、いわば制度上の棲み分けがなされているということである。

さらに、病院の医師と訪問看護師とのあいだにも、役割について興味深い分担関係が見受けられる。

たとえば、「わたしの家」では、入居者の健康の管理や回復のための取り組みが介護保険を用いて行われており、具体的には、医師による訪問診療と訪問看護師による訪問看護が、月に2回ずつ交互になるように（それについて、訪問看護師さんは「先生の週と看護師の週と、まぁ、毎週入っていれば（良いだろう）っていうことで」と説明していたけれど）設定されているという。

こうした点でとくに注目されるのは、病院の医師とナースとの物理的距離や業務関係にみられる強い緊密さとは明らかに異なるかたちで、訪問医（や主治医）と訪問看護師との関係性には、むしろ一定の独立性、ないし（表現としてはいささか奇異に聞こえるかもしれないが）緊密性の相対的な弱さが見受けられることである。

そして、さらに利用者としてホーム側から見た場合の両者の位置づけの違いについて、ホーム長の金子さんは次のように述べている。

――（病院から来られる）先生は、訪問診療っていうかたちで、介護保険の部門で（2週間に1回）個人個人（の利用者）にたいして、まさに、そのぅ診療をしてくださるんですけど、訪問看護は、（このホームの場合、介護保険上の医療連携体制加算を利用した）グループホームと訪問看護ステーションとの契約なので、個人個人に（対して）入るというよりは、みんなの、全体の健康チェックをしてくれるというか、全員の健康に目を配ったり、あとは、職員さんからの相談、「この人どうしたらいいですか」とか、「それ、どう医療につなげてったらいいですか」っていう相談を受けたり、さらに、24時間、いつでも連絡してくれれば対応しますよ、っていうかたちでの相談、たとえば、「熱があるんだけどどうしよう」とか、「ちょっと食事たべなくなってきたけど、どうもってったらいいですか」とか、(病院の)先生につなぐ前に、どうしたらいいかっていう、そのワンクッションの相談なんかもしてますね。

この語りから浮かびあがってくるのは、まさに、①グループホームにおける全体的な日常のヘルスケアを担いながら、同時に②職員からの看護にかかわる〈よろず相談窓口!〉の役割を果たし、さらに③24時間態勢の緊急連絡先ともなって、ときには④冒頭に述べられているような地域での不時の看取りにまでかかわっていくといったような、「病院で働く看護師さん」のイメージからは大きくかけ離れたところで八面六臂の活躍をされている訪問看護師さんたちの姿(の一端)にほかならない。それは、一方の訪問医の行う訪問診療が、基本的には病院でなされる患者との一対一の診察や治療とほぼ同一内容の業務であるのとは、まったく対照的である。

しかも、当グループホームは、この訪問看護ステーションがかかえるクライアントの一つに過ぎない。そのほかにも、流山市を中心として隣の柏市、野田市、松戸市にも多くのクライアントが存在している。そこでも月ごとに担当者間でシフト制がしかれており、だいたい看護師1人が1日に訪問するクライアント数は平均6~7件というから移動の時間を考えれば、巡回先での滞在時間は、30分から長くとも1時間ということになろう。

たった30分だけ？と読者の皆さんは思われるかもしれない。私も最初に介護保険における訪問時間の単価が、1回あたり「30分未満」から「30分以上60分未満」といったように、30分刻みで設定されていると説明を受けたときには、30分程度でどれだけの看護ができるのだろうかと意外に感じたのを覚えている（じつはこれが冒頭に述べた、訪問看護師さんが「そそくさと」帰られる理由でもあったのだったが……）。

でも、そうではないということが、次のようなやり取りを重ねるうちにだんだんわかってきたのである。

——**［私：病院で訪問看護の仕事に係わってみて、在宅が面白くなってきたというのは、どんなところですか］**うーん、やっぱり、おうちで結構ね、あのぅ、おじいちゃん、おばあちゃん、待ってたりしてくれるんですよ、あ、来た来たみたいな感じ。そういうところですね。限られた時間ですけども、そうですね、あのぅ、医療だけじゃなくて、やっぱり、年齢が行くと寂しいんですよねぇ。若い人たちは、お仕事をしなきゃいけないし。おうちに残される方たちは話し相手も、なかなかね、いないでしょうし、誰か来てくれるっていうのが楽しみだったりするのかなぁ。うーん、なんか、そう、可愛らしく感じたりすることが多かったみたい。ああ、やっぱり、ちょっと在宅の方がいいかなぁ、と思って、で、早15年（笑）。

ここで述べられているのは、訪問看護のなかでなされている地域社会に生活するクライアントの人たちとの交流・交渉のもつ、狭い意味の医療的関係を越え出たところに存在する意義であるとともに、その楽しさでもあるだろう。これは、飛躍をおそれずにいうならば、これまでみてきた「わたしの家」における〈このホームならではの介護の精神とスタイル〉にも、どこかしら通ずるものがあるように思われるのだが、いかがだろう。

そのことに関連して、先の金子さんのお話の最後の部分で触れられており、今回のエッセイのテーマにかかわりとくに重要なのが、訪問看護師が、⑤グループホームの利用者の人たちを医療につなげていくさいのアドバイスを行ったり、場合によっては、⑥医療につなぐ前の「ワンクッション」になっているという指摘である。

なお、ここで言われている「利用者を医療につなげるさいのアドバイス」や「医療につなぐ前の「ワンクッション」」が、第5章で確認したグループホームにおける〈医療的なもの〉との係り方（連携）にみられる多義性（協同・折衝・距離化）、それもとりわけ後者の2つの係り方（折衝・距離化）と密接に関係していることはもはや多言を要すまい。

次節以降（そして、さらに次章）では、父の看取りに直面した私たち家族やグループホームのスタッフが、病院とのあいだでそれまでになかったような新たな連携的関係、すなわち〈終末期における「医療との距離化」〉を必要としたときに、以上のような多様な役割に開かれた存在としての訪問看護師さんが、病院と私たちとの接点（つまりは、「医療につなぐ前の「ワンクッション」」）として、いかなる役割を果たしていたかを明らかにしていくことにしたい。

そのためには、当初、私たち家族やスタッフが最期の床についた父にたいして、「病院へ行く」とか「訪問看護師を呼んで看てもらう」という医療的判断をとりあえず保留した折衝的関係のいわば第一局面から、折衝的関係の第二局面〈医療との距離化〉へと変容していくにつれて、どのように、私たちと訪問看護師さんとの関係が変化、ないし進展していったかを押さえておくことが必要である。

2 「訪問看護師を依頼せず、様子をみる」という決断に至るまで
――〈医療的なもの〉との折衝の第一局面から

私たちが、先にあげたような医療的な応急措置をとらずに当面は父の容態を見守るという、ある意味では非常に素朴かつ原初的な〈医療との距離化〉をめざした背景。そこには、過去に2度（2009年と2011年）、父がグループホームに入所して間もない時期に立て続けて発熱したさいに、訪問看護師の助言のもとに連携先の病院に入院した経緯があり、そのときの記憶が皆の頭をかすめていたことは否定できないように思われる。

結果的には、「気管支肺炎」や「左肺炎」という診断を受けて、1～2週間ほど入院治療をするだけで事なきを得たのだったけれど、そのときのことを、当時ホーム長だった大角さんは、父の死後、次のように振り返っていた。

――（お父様は）肺炎がね、何回か、肺炎はありましたけどね **［私：入院ていうのは、1〜2回ありましたっけ。そういうとき、入院ていう判断をされましたでしょ、ね。そういうとき、入院するかしないかみたいな判断って、つねに働きますよね］** そうですね、やっぱり、高熱が出て、あの、訪問看護さんに聞いたら、「受診した方がいいんじゃないですか」っていうような判断で、「じゃあ病院に、受診していただきましょう」って言って。で、それで○○さん（私の2番目の姉）にね、あの、お願いして、で、病院へ連れてっていただいて、で、そこでもぅ「入院ですよ、肺炎ですね」って言われて、入院したっていうのが2回ぐらい **［私：そういうかたちだったんですね。そういうときは、家族に、やっぱり来てもらうっていうかたちですか］** そうですね、一応家族の皆さんに付き添っていただいて **［私：ま、結局、そこの最終的な判断は、入院するとかの最終的な判断は、やっぱり、家族が？］** あ、まぁ、病院と家族が（決めることで）、ね、そうですね。こちらが、一方的にやるわけには（いきませんし） **［私：でも、難しい、家族の人も、すぐ来れない家族とかいますよね、その場合は、それに代わって、やっぱりこちらでね……］** ああ、そうです、はい。あとはまぁ、救急車で行く場合もね、たまにはありますからね。

このお話の様子からは、発熱した父を病院へ連れて行き受診させること、さらに診断の結果として入院すること等については、家族の意向もある程度尊重されていたけれども、基本的に主導権は訪問看護師や医師等の医療側にあったことが見てとれるように思う。
ちなみに、そのさいにどのような治療がなされたかについて、退院時に出された「看護サマリー」には以下のように記されていた。

【第一回目の入院　２００９年3月24日～4月2日】
3/24 上記診断（気管支肺炎）にて入院。補液・抗生剤投与。当日より食事も開始され、9～10割自己摂取中。入院後、発熱なし。採血上炎症反応改善、胸X-P［胸部レントゲン（筆者注）］も肺炎像なくなり、Drより退院の許可あり、本日退院となる。

【第二回目の入院　２０１１年7月7日～20日】
7/7 左肺炎にて入院となる。37℃台の発熱あり CRP［血液内の特定タンパク質の値。体内の炎症で上昇］18・62と高値 抗生剤DIV開始となる。7/17より抗生剤を変更。7/20 CRP0・81へ改善、CX-Pにて左肺炎退縮みられ退院可となる。

つまり、こうした記録からも窺えるように、この病院に限らず一般に、今日、肺炎が疑われる患者には、たとえ高齢であろうとも、レントゲン撮影や血液等の検査を行い、もしも肺炎だという診断が出たら、入院させて抗生剤や補液の投与を行うというのが標準的な治療のガイドラインとなっていることがわかる。そして、おそらく、今回の父の場合も、もしも病院を受診した場合には同様の診療方針がとられるであろうことが、これまでの経緯から高い蓋然性のもとに予想できたこと。それが、あえて訪問看護師を呼んで助言を受けることを私たちが躊躇した大きな理由だったといえる。

ところで、以下に再掲するのは、父が最期の床についた初日（2015年12月7日）に、「病院に行くか」「訪問看護師を呼ぶか」という点をめぐって、当時、ホームの管理者であった金子さん（K）と父のベッドサイドで話し合っている場面である。以前、第2章に掲載したときには、私自身、本章において示したような情報を手にしていなかったのだが、それを知ったうえで読み直してみると、あらためて訪問看護師さんの独特な立場性が浮かびあがってくる。

K：どうしましょう。訪看さんに来てもらいましょうか？　それとも、このまま様子を見ますか？　どちらでもいいですけど

私：今、看護師の人に来てもらう？　訪問看護の人に

K：そうです。だとすると、訪問看護師にみてもらって、状況を、ええ、まぁ、どう判断するか、先生（父のこと）のこの状況が、どの可能性があるのか、見てもらう。で、それによって、ま、ご家族の希望に沿って

私：ていうか、僕らも、だいたいは、決まってるんだけど、それを決断するためには来てもらった方がいいのかなぁ、それとも、それさえ必要ないっていう考え方？

K：うん、ありますね、それさえ必要ないっていうこともあると思う。そうしたらその旨を、と

りあえず訪看には連絡します。もしなんどき、何かがあったときには、訪問看護さんを通して、（主治医の）先生に（伝えて）、はい、呼んでもらわなきゃいけないんで

私：なるほど、なるほど、うん。一応、伝えとく必要があるんですかね

K：いや、前もあったんですが、「そんなんでいいの」って言われちゃうかもしれないし、ええ、「もしかしたら肺炎起こしてるかもよ」って言われちゃうかもしれないですが

私：それは、その看護師さんが、そう判断する場合？

K：うん、かも知れません。もぅ、それでも、ほんとに、それでもいいよっていうのであれば、それはそれで、その判断かと思うので

私：決まってるときは、あんまり聞かなくてもいいっていう判断もありうる

こうした話し合いを昼過ぎまで断続的に行うことによって、私たち家族とスタッフは、当面、次のような方針の意思確認をするに至ったのだった。

①本日は、訪問看護師に（来所を）依頼せずに、様子をみたい。
②家族は、グループホームでの看取りを希望する。
③（家族とスタッフは）病院での検査や点滴も望まない。

いま、私は、この会話を再掲するにあたって、訪問看護師さんの「独特な立場性」が浮かびあがってくると述べた。それはたとえば、（1）こうした状況で、**家族からの依頼があれば、ホームを訪れて患者を直接に看て、それがどんな容態で、これからどうなるかの自身の見立てを伝えるとともに、医療（主治医等）につなげる場合、つなげない場合のそれぞれに応じたアドバイスを行う**、あるいは、（2）**ホームからそうした容態の患者がいるという相談を受けた場合には、その時点で電話等を通してアドバイスをすると同時に、さらに容態の変容しだいでは、後にその情報をふくめて主治医に仲介的な経過報告を行う**、といった点によく表れている。

　そこには、患者の容態についての情報を、直接間接に得てから主治医につなぐまでのあいだに、様子をみたり、自分なりのアドバイスをするといったように、訪問看護師として与えられている役割の広がりや、仕事についての守備範囲の広さを見てとることができる。とりわけ、ここで重要なのは、**医療につなぐかどうか、また、その場合はどのようにつなぐか、という点のみならず、当面は様子をみてつながない、といった点にかんする判断も、対応が訪問看護師に一定程度まかせられている**、というところにほかならない。

　その点について、私はかつて、「ホームと主治医とをつなぐ訪問看護師という存在が、少なくともこの時点では、終末期における積極的治療の必要性と不必要性のどちらを支持する立場にあるのかがわからなかったことが、いっそう私たちの（訪問看護師を呼ぶかどうかの）判断を難しくしていたことがわかる」と書いていた（第2章44頁）。

しかしながら、本章のエッセイにおけるこれまでの考察との関連で新たに見えてきたのは、もしかすると、このようなかたちで私たちが直面する判断の困難さを可視化させてくれたという点において、たしかに訪問看護師という存在、そしてその役割に与えられていた先のような権限の柔軟性が、十分に「医療につなぐ前の「ワンクッション」」たりえていたことの明確な証左ではないかということなのである。というのも、この時点で、じっさいに私たち家族とスタッフは、そうした両義性にみちた訪問看護師という存在を前にすることによって、「（本日は）訪問看護師を依頼せず、様子をみる」という素朴かつ原初的な〈医療との距離化〉へと踏み出すことができたのであったから。

3 〈たった30分の訪問看護〉がもたらす効果とは？
——〈医療的なもの〉との折衝の第二局面へ

さて、ここからは、訪問看護師さんとの係りを軸におきながら、父が老衰死（自然死）へと至ったさいの、前半のプロセスをあらためて見直しておくことにしよう。

２０１５年12月7日（月）に父が（結果的に）最期の床について、その日の昼過ぎまでの話し合いで前節の①〜③の方針を決めたのだったが、その決定はあくまでも当面のことというのが暗黙の了解としてあったと思う。なにしろ、いつ何時、父の容態が急変するかわからなかったのだから。

そして、7日の夜は私が父に付き添ってホームに泊まることになったが、翌8日（火）の昼にかけて、そばで看ている限りでは、父はなんとか小康状態を得たようにも見受けられた（このあたりの事情については、前章の介護日誌等を参照のこと）。そうしたこともあり、私としては、ここ一両日は大きな変化はなかろうと判断し、8日に関西の自宅へいったん戻ることにしたのだが、いったいいつまで父のこの容態が保たれるのか、まったく予断を許さない状態が続いていた。

そうした日々のなかで、じつは、私たちと訪問看護師さんとの関係にある変化をもたらす小さな動きが生じていた。そのときの私には本当に些細なことにしか感じられなかったのだけれど、じつは、その「小さな動き」こそが、それ以降父にたいする看取りのみならず、「わたしの家」におけるその後の数々の看取りのあり様に、決定的な影響をもたらす重要なきっかけにほかならなかったことを、のちに私は気づかされることになる……。

それは、私が帰宅した翌日、つまり9日（水）の夜に姉がかけてきた一本の電話からはじまった。その電話は、姉からの相談というかたちをとってはいたけれども、すでに決められたことの報告に限りなく近かった。その内容とは、以下のようなものである。

――今夜は、私がお父さんへの付き添いで「わたしの家」に泊まることになりました。お父さんの様子は、あなたが帰ってからあい変わらずで、苦しそうに肩で息をしていて、眠っていることが多いけれど、時々目を開けていることもあるし……、目覚めているときに氷のカケラを口に含ませてあげると、自分から口に含むようにみえることもあるの……。職員の方たちが呼びかけると、反応して首を振ったり、ちょっと笑顔をみせることもあるみたい……。それでね、今日、金子さんたちと話をしていて、やっぱり一度、訪問看護師さんに看てもらった方がいいんじゃないかっていうことになったんだけど……、それでいいかしら……。あなたがいいって言えば、明日の朝早く、訪問看護師さんに電話して来てもらうことができるんだけど……。

そもそも2日前に①~③の方針を決めたときも、むしろ、ベストな選択肢が見つからないがゆえのセカンドベストの選択でしかないといった思いが強かった。そして、私としても、この父の状態がこれからどうなっていくのか、まったくわからないというのが正直なところだった。

それに加えて、いったん帰宅してみると、遠く離れている自分には何も言う資格がないようにも感じていた。それで万が一、明日訪問看護師さんが強く父の入院を勧めるようなことがあったとして、そしてまた、姉たちが父の入院を受け入れたとしても、それはそれで良しとするほかないと、すべての判断を父のそばにいる姉たちにゆだねる気持ちになっていた。

さらに、(これはこれまで書いてきたことと本当に矛盾するのだけれど)もしかすると、入院して治療をすることで、父が先のときのようにまた回復することもあるのではないかという一抹の期待にすがりたいという思いも、なかったといえば嘘になる。

ところが、翌日の10日(木)早朝に呼ばれてみえた訪問看護師さんの所見は、あっけないくらいに「このまま、様子をみましょう」というものだったらしい。その日に姉から受けたはずの報告についても、私自身、いつ聞いたかさえ覚えていないほどである。

じっさい、(後日手にした) その日の介護日誌にも、訪問看護師の来所の件については、次のような数行の記載があるのみだった。

12月9〜10日 (夜勤Gさん)

9：00　訪看来所。右かかと、じょくそう[褥瘡、床ずれ](+) フィルム保護。その他、体に赤みがある場合は、アズノールで対応してください。

ということで、あれだけ私たちが看てもらうのをためらっていた訪問看護師さんの見立てが、結果として「(家族とスタッフは) 病院での検査や点滴も望まない」という私たちの方針を支持してくれるものであったことが、私たちに励ましをもたらしてくれたのは確かなことである。

しかしながら、結局のところ、それ以降、父が亡くなる12日(土)にかけて、私にとっての訪問看護師さんについてのイメージは、依然としてよくわからない(捉えどころのない)存在という点では、大きな変化はなかったように思う。それも、今から思えば、やむをえないことだったろう。なぜなら、その時点で、私自身、このエッセイで述べてきた訪問看護師さんの役割の多様性や柔軟性について、まったく理解していなかったのだから。

私が、看取りにおける訪問看護師さんの重要な役割に気づかされたのは、父の死の3ヵ月後に「わたしの家」を訪れて、金子さんから、いわば《父の看取りにかんする裏話》を聞いてからのことだった。

私が、そのインタビューの途中で行った、何気ない質問。しかし、それに対する金子さんの回答は、そのときの私には、本当に思いもかけないものだった。ただ、そのことの意味を正しく理解するために、私はさらに3年後の訪問看護師さんのインタビューをはさんだ、足掛け5年間にわたる考察を経なければならなかったのだが。

したがって、この父の死後3ヵ月後の金子さんへのインタビューのなかで、じっさいに「〈たった30分の訪問看護〉がもたらす効果」が語られていたとしても、それを聞いている当時の私にとっては、まだまだ今日のように実感としてそれを感じとるには程遠かったと言わざるをえない。

そんな感慨をもよおさずには、正直なところ読みすすめられないインタビューデータではあるが、是非とも今後の分析のために、読者の皆さんにも目を通していただければと思う。

私：スタッフの皆さんは、毎回（父の巡回のさいに）、まぁ、血圧測る、脈拍測る、とかそういうことを、結構、徹底されてましたよね

K：してました。そうそう、してました。だけど、最終的には、訪看さん（訪問看護師）が、すごいあの、自然の看取りに対して、訪看が入ってから、とくに落ち着けるようになりましたよね、私たちも

私：入ったっていうのは、ちょっと見に来てくれたっていうような感じの？

K：（お父さんの）状態が、医療の従事者からの状態（の見立て）が、わかる。私たちは医療では素人じゃないですか。なまじっか中途半端なので。そういう意味では、ほんとの医療従事者のナースの人からみる、そのお父さんの状況っていう、ま、どういう状態におかれてるのかっていうことが、あのぅ、教えてくれるみたいな。それで、安心する。だから、血圧も測らなくていいよ、とか

私：もぅ、そういう話が？

K：もぅ、そういう。私たち、一生懸命やってたけども、何も、もぅね、そんなね、も、一生懸命やらなくていいから

私：それは、えっと、土曜に亡くなったので、なんか、木曜とか金曜ぐらいの話かなぁ

K：そう、も、訪看さんが入ってきてくれてから、ですね

私：入ってくるっていっても、そんなに付きっきりのわけじゃないですよね

K：そうですね。30分の時間帯ですけど。でも、そのなかで

私：毎日？

K：毎日きてくれてました

私：あ、そうですか

K：そう、そのなかでいろいろ、そんなにね、も、大丈夫だから、一生懸命測らなくても大丈夫

だよ、っていうのが、逆に心強さをもてた
私：あのぅ、医療関係者との、ほんとにいい関係ができたら、定期的にでも。これやっぱり、看取りにとっても意味があるっていう
K：そうですね。だからうちにとっては、その、訪問看護との信頼関係が、やっぱりすごく重要

ここで、金子さんが言われていることを理解するためには、前章に掲載した介護日誌を一瞥していただくだけでよいだろう。訪問看護師が看取りに入ってくる以前には、いかに頻繁に検温や心拍数や血圧の測定が行われていたかがわかるはずである。

私自身、父に付き添っているあいだに深夜であるにもかかわらず、ご自分の仮眠時間をさいてまで几帳面に2、3時間おきにバイタルの計測をしにこられるスタッフの方に、頭が下がる思いだった。しかしながら、そうした行為が、どれだけスタッフの皆さんの負担となっていたかは、この金子さんの言葉を聞くまでは気づくことができなかった。

考えてみれば、体温の上昇とか、血圧の低下は、それがたとえちょっとしたことであっても、そのたびにスタッフの方々に不安や恐れといった心痛をもたらしたであろうことは、想像に難くない。ましてや、それがもしも急激な変化であったなら、激しく動揺することもあったはずである。なにしろ、スタッフの多くにとっても、こうした看取り自体がはじめての経験だったのだから。

私たちは、このような事態にたいする、訪問看護師による「血圧も測らなくていいよ」「一生懸命

測らなくても大丈夫だよ」というアドバイスのなかに、まさしく「終末期における〈医療との距離化〉」の一例を認めることができるはずである。だが、金子さんが「自然の看取りに対して、訪看が入ってから、とくに落ち着けるようになりましたよね」と述べる内実を十分に理解するためには、父が最期の床についた後半の日々における訪問看護師の果たした役割について、さらに詳細に見ていくことが必要だろう。

第7章 〈そのとき〉は、いつ訪れるかわからない⁈

1 ある夜の出来事

それは、父の亡くなる2日前にあたる、12月10日（木）の夜のことだった。

この日は、前章に記したような事情から、早朝一番に訪問看護師さんに「わたしの家」へ来所いただき、父が最期の床についてから4日目にして、はじめて容態を診てもらうことになっていた。即座に入院を勧告されるのではないかとの予想に反して、「このまま、様子をみましょう」という所見を看護師さんから得て、私たち家族としても入院という好ましからざる事態を回避できて、あい変わらず先の読めない状況ではあったもののほんの少し胸をなでおろした、といったところ。

とはいえ、前回末尾に引用した、「血圧も測らなくていいよ」「一生懸命、（バイタル）測らなくても大丈夫だよ」というアドバイスを訪問看護師からもらって、「自然の看取りに対して、訪看が入ってから、とくに落ち着けるようになりましたよね、私たちも……」とスタッフの金子さんが言われるような「わたしの家」での看取りの態勢が新たな局面へと移行するのは、まだもう少し先のことだった。

なぜなら、以下の当日の介護日誌からもわかるように、訪問看護師の来所以降も2、3時間おきのバイタル計測はそれまで通り行われていたのだから。

12月10日（日勤Dさん）

9：00　訪看来所　Bp164/82 P106
11：00　○○さん［私の2番目の姉のこと、以下次女とも（筆者注）］がトゥーテに浸したリンゴジュースを吸う
　　Bp193/105 Kt38.5 P105
13：00　Bp185/95 Kt37.7 P99
14：45　次女の孫［父にとっての孫、つまり姉（次女）の子］来所
15：30　Bp178/101 Kt37.4 P95
16：15　長男の長男［私の息子のこと］来所
17：00　Bp143/89 Kt36.8 P90

17：45　次女の夫、来所

ところで、本節においてとくにこの日に着目するのは、じつはその夜間、私たちの感覚からすれば何らかの緊急性を招来しかねぬような事態が、たしかに父の身に生じていたからである。とはいえ、その事態とは、前記に続く日誌の次の箇所からわずかに見てとれる、かすかな徴候のようなものでしかなかったのだが。

12月10～11日（夜勤Eさん）

20：00　Bp95/79 P67　バイタル100より下がったので家族に連絡。

20：30　パット交換　尿パット（＋）　少量

21：40　○○さん来所

22：20　バイタル146/83 P63 Kt37.5　「先生［父のこと］、診察のお時間ですよ」の声かけにうなずきあり

22：30　○○さん退所。明日の朝八時に来るとのこと

この数行の記述からわかるのは、当夜、夜勤だったスタッフのEさんが父の血圧の急な低下を確認して、家族に連絡を入れたこと。そして、連絡を受けた姉が、ホームに様子を見に駆けつけてきたこ

と。その後、とくに大事には至らず、1時間ほどして姉が帰宅したことである。

言葉にするとこれだけだが、私は、この下りを読むたびに、なんともいえない緊迫感におそわれてしまうのだ。まずは、スタッフの身になって考えたときに……、次に、姉の身になって考えたときに……。

想像してみていただきたい。こうした容態の父を夜間たった1人で介護中に、血圧のいつにない大幅な低下を目の当たりにして、驚かない人がいるだろうか。不測の事態たる〈そのとき〉が、もしかすると自身の夜勤の時間帯に訪れるかもしれない、という不安や慄きがスタッフの脳裏をよぎったことだろう。もし私がスタッフの立場だったら、よりによってどうしてこの私の担当のときに……等々といった余計な感情まで湧き上がってきそうである。

しかも、「(日常的なケア以外の)医療的な措置は何もせずに看取る」という、私たち家族の求めていた自然死(老衰死)は、このホームにおいてもはじめてのことであり(第5章参照)、スタッフの誰一人として経験したことはなかった……。その点で、スタッフがとっさに(病院等の医療機関ではなしに)家族に電話をいれたのは、状況的にも妥当な判断だったと思う。

一方、夜分に急な電話を受けた姉も、いつ来てもおかしくない〈そのとき〉の到来への覚悟とともに、夜道を急いだことだろう。道すがら、かつて深夜の3時頃に自宅で亡くなった母のときのことを思いだしていたのだろうか。あるいは、昨夜から付き添いでホームに泊まり込み、午前中まで父の容態をみていたこともあり、それほどの急変までは想定せずに、念のためといった思いだったのかもしれないが。いずれにしろ、この時期、姉は、いつホームから呼びだされても応じられるような引き続く緊張感のなかにおかれていたことは確かである。

結果として、そのときは事なきを得たのだったが、この出来事が教えてくれるのは、在宅において自然死（老衰死）を看取ろうとすれば、いつ、いかなるときにも、このような不測の事態が生じるのは避けられない、ということであった。

それに加えて、そのときの私たちは、父の容態が本当に老衰といえるのかどうか、いまだ確信まではもてていなかったのが正直なところだった。したがって、そんな不確定な状況下では、心の底にある「万が一の回復への期待」もあいまって、〈そのとき〉の到来をできるだけ先延ばしする心理的機制にとらわれることにもなりがちであった。じっさい、当時の私の認識としては、仮に〈そのとき〉が訪れるとしても、早くとも翌週、場合によっては2、3週間後と考えて、毎週仕事と付き添いが交互に入るようスケジュールを、長期的観点に立って調整していた。だから、父の臨終のときには不意をつかれることとなり、関西から急遽駆けつけたものの間に合わず、残念な結果になったのだった……。

こうした点で、私たちの看取りは、わからないことだらけで、はじめてのことに振り回され続ける経験だったとしかいいようがない。

さらに興味深いのは、この夜の出来事について数年後に尋ねてみたところ、姉も、そしてその日の夕方から2泊3日の予定で付き添いに入っていた当時大学生だった私の息子も、まったく記憶していなかったことである。

それは、この出来事が些細なことだったために印象に残らなかったというよりは、（例外はあるものの）往々にして看取りという現象が、一連の切迫した出来事のつらなりとして総体的に経験され記憶されるものだからかもしれない。姉にとっては、その週の月曜以降の一時たりとも気の抜けなかった看取りの日々として……。息子にとっては、はじめての「わたしの家」滞在とそこでの人生初の看取りの体験として……。

だが、そうした不透明な見通しのなかにあっても、「わたしの家」では、その後にホームで実施されていくことになる様々な看取りの基盤が、この時期に訪問看護師とのアドホックな連携のもとに、着々と独自なかたちで築かれつつあったように思われる。とくに注目に値するのは、**介護スタッフと訪問看護師とが、一方で、〈終末期における「医療との距離化」〉を共に模索しながらも、他方で、状況に応じて織りなされる相互行為を通じて、介護的知識と看護的知識とが独特に融合されたというほかない、まさしく〈「わたしの家」ならではの看取りの実践と知識〉が生成されている**ことである。

次節以降では、この〈「わたしの家」ならではの看取りの実践と知識〉に焦点を絞りつつ、その生成のプロセスを跡付けていくことにしたい。

さて、一時は血圧の低下が危ぶまれた父も、以前の状態に戻ったようだ。夜勤スタッフによる手厚い介護が、その後も11日の朝にかけて淡々と続けられていく……。

23：00　トゥーテで痰を取る。トゥーテをかむ動作あり。
24：30　Bp145/106 P124　呼吸が荒い、苦しそうな表情
24：50　パット交換　尿パット（＋）　少量 濃縮
足を曲げる動作あり。呼吸に落ち着きがある。
2：30　Bp205/180 P71　肩呼吸　荒い　苦しそうな表情
3：00　Bp151/78 P117　〃
4：30　Bp177/94 P129　〃
5：00　パット交換　尿パット（＋）　色がオレンジ色に近い、尿臭が強くねばつきがある
6：30　Bp160/99 P125　肩呼吸　呼吸が荒い
7：40　Bp132/110 P124
8：00　〇〇さん［姉］来所。夜間中の様子を説明し、面会

これらの記録から気づかされるのは、まずは、この時期の血圧の測定値のブレの大きさである。とくに、収縮期では、最高205から最低95までの大きな幅が認められる。そして、もう一つは、7日(月）以降、ほとんど水分を摂れていなかったにもかかわらず、尿が依然として出ていることである。この点は、次節以降での、終末期における点滴の必要性の有無をめぐる論点とも密接にかかわってくるだろう。

2　臨終前日の主治医の往診をめぐって

そして、父の亡くなる前日となる12月11日（金）。当日の介護日誌によると、この日、まさに父の看取りのあり方に直接かかわるような、いくつもの重要な出来事が生じていた。その1つ目が、主治医による往診（正確には介護保険部門での訪問診療）であった。

父が最期の床に臥せっていたのは1週間ほど。その間、医師による診察は、結局、この1回限りとなる。それは、私たち家族が、基本的に医師による往診をあえて求めなかったからであるが、その理由としては、これまでも繰り返し述べてきたように、終末期における入院や検査や点滴をできるだけ避けようとしたからだった。それでは、なぜ、この日に医師による往診がなされたのだったか？

後になってわかったことだが、その日は、ちょうど月に2回（第2・第4金曜日）の総合病院の医師による訪問診療日にあたっていた（なお、訪問看護師の巡回日は、月に2回、第1ないし第3ないし第5水曜日というように、あえて医師とは別の日に設定されている）。ここで、「後になってわかった」というのは、あくまで現場から離れていた私の側の認識であり、当然ながら「わたしの家」のスタッフには、この日が訪問診療日であること（そして、場合によっては父の主治医が訪れる可能性があること）は当初から織り込み済みだったはずだ。

そうした点からみたときに、この日の診察結果がどのようなものになるかは、これからの（当然、まだ誰も父が翌日に亡くなることを知らないので）父の看取りの態勢に大きな影響を及ぼしかねないものだった。じつはこのたび（この原稿を書くにあたり）そう考えることで、ずっと気になっていたある疑問が徐々に解けていくのを感じたのだった。その疑問とは他でもない、今回のエッセイの最初に紹介した前日10日早朝の訪問看護師さんの来所にかんすることである。

この件について、私自身は、9日夜の姉の突然の電話によって知らされ、（「訪問看護師（に来所）を依頼せずに、様子をみる」というこれまでの方針を大きく変更する）意外な展開に驚きを隠せず、看護師の所見によっては入院の可能性もあることを覚悟し、しかし、じっさいの所見の「このまま、様子を見ましょう」というあっけなさにいささか拍子抜けさせられるまでの経緯を、すでに前章で詳述している。

さて、その「疑問」とは、端的にいって、**翌11日に医師による訪問診療が入っているというのに、どうして「わたしの家」のスタッフは、その前日に、わざわざ訪問看護師に来所を依頼しようとしたのか？**という点にかかわっていた。しかしながら、11日当日の経緯を以下のように分析してみると、じつは、**医師による訪問診療の前日だったからこそ、訪問看護師の来訪が是非とも必要だったことが**わかってきたのである。

それでは、その点に着目しながら、まずは、介護日誌に記された主治医の往診にかんする部分をみておこう。

12月11日（日勤Fさん）

9：00　肩呼吸（＋）　少々苦しそう　声かけに反応（－）

Bp192/116 P124 Kt38.9　三点クーリング

10：00　往診

Dr　老衰ですね。何もしなくていいんですね。　家族（fa）に確認

fa（○○さん［私の2番目の姉］、孫［私の息子］）**はい**

金子（管理者）**特別指示書を（訪看に）お願いできますか？**

Dr　出しましょう。死亡確認　訪看（がします）。

死亡診断書は後書きます。

オムツ交換　尿パット（少）　口腔内　痰を取り除く

体交（体位交換　右側へ）　背中　臀部　アズノール塗布

ここでゴチック体にした短いやり取りこそ、ある意味でこの連載エッセイのハイライトにあたる部分といえるだろう。ただし、この要約的に記録された会話の背後に漂うひりつくような緊張感を理解していただくためには、このあとにいくつもの注釈がなされねばならない。これまで書いてきたエッセイも、また、行われてきた事後的なインタビューも、すべてがこれらに注解をほどこすための作業だったといっても過言ではない。

私が、この介護日誌の閲覧・借用を許可されコピーさせてもらったのは、たしか父の死後半年近くたった頃のこと。そのときこの箇所を読み、とても感慨深く思うと同時に、どこかしら意外の感も否めなかったことを覚えている。

感慨深かったのは、第1に、父の容態が明確に「老衰」と診断されていること、第2には、終末期などに頻繁な回数の訪問看護が医療保険によって可能になる「特別訪問看護指示書」の交付を医師が確約したこと、そして第3に、死亡確認までの過程が訪問看護師に任されていることである。これらのことは、これまで同様「わたしの家」において、父の看取りを続けることを主治医が容認したということにほかならなかった。

だが、その一方で、「老衰」という診断に際して、病院での諸々の検査をまったく勧めようとしていないところについては、それまでの（検査や治療を重視する）主治医の姿勢からするととても意外に感じられたのだった。しかし、この点については、「何もしなくていいんですね」という医師による家族への問いかけの言葉にこそ、その本来の意思が読み取れるように思われる。

というのも、以前、主治医から、「治療が必要なときは、治療しますからね」と強く告げられたことが、いつまでも深く心に残っていた姉にとっては（第2章参照）、「何もしなくていいんですね」という問いにはらまれた（「医療的にできることは、まだあるんですよ」という）婉曲な示唆や、（「本当に何もしないんですか」という）暗黙の叱責が、敏感に察知されていたに違いないのだから。

じっさい、そうした医療的措置はできる限りとらないようにするという「合意」に至るまでには、医師と家族やスタッフとのあいだで記録には残らない重要なやり取りがなされていたようである。その部分を、後のインタビューから以下に引用したい。なお、そのインタビューとは、訪問看護師さん（訪看）とホーム長の金子さん（K）にたいして、父の死の3年後に行われたものであり、前章ですでにその経緯や概要については紹介している。

K：三浦さんの（看取りの）とき、たしか往診もあって、ちょうど、その、「今、（容態が）こうなんです」なんて話をしたときに、先生が、「点滴ぐらいはさせてよ」みたいな……

訪看：「してあげたら」っていう感じかなぁ

K：「点滴ぐらいはしたらいいのに」っていう話だったたんですよね、あのとき。でも、それも、「いや、もう、しなくっていいです、痛い思いをするんだったら」っていうんで、確かやめたんですよね

ここで述べられているのは、まさしく〈終末期における「医療との距離化」〉をめぐる医師と家族との折衝と呼びうる事態そのものである。そして、そこで争点になっているのは、老衰死（自然死）の過程における、点滴による水分補給の是非の問題であるのは確かであるけれども（第1章注5参照）、それを、（点滴の効果の有無等といった）医療制度内における自己完結的な議論に回収しようとするならば、重要なことを見逃してしまうことになるだろう。というのも、じつは**ここでの真の争点とは、**

終末期においてもあくまで治療を優先する従来の医学的観点と、当人や家族の気持ちや状態を優先する看護や介護の観点との根本的な対立にかかわるものだからである。

その点については、20年近く在宅医療に取り組んできた訪問看護師さんによる、一般論としてなされた次のような発言が参考になる。

――ご高齢で、熱があって、そういう状況のときに病院に行くのが、果たして本人にどうなんだろうかっていうところ考えますと、昔でいえばね、おうちで見ててあげるっていうケースも多かったと思うんですけど。こうやっていろいろ医療が発達してきて、胃ろうを作ったり、24時間、高カロリーの点滴入れたりとか、医療が充実したなかで、本人にとって一番、何が最適なんだろうかって思うと、いろいろ悩まれると思うんです。

病院て、やっぱり治療を目的にするところっていうのが、大きいじゃないですか。なかには、治療しないんだったら帰ってください、みたいなところも……。だから、病院に行くと、みんなあの、余計な管につながれて、体に異物を入れられるっていうかたちにどうしてもなるじゃないですか。食べれない、お熱が出てるっていえば、もう、ほぼ点滴をしますし……。点滴をすれば、体のなかの機能が、（水分を）吸収できなくなれば浮腫みにつながってくるので、逆に、その浮腫みが本人の体には、すごく負担になるわけですよね。自然に枯れるのが、一番きれいです……。

このように、終末期における緩和医療のあり方や自然な看取りの文脈において、病院での一般的な治療法であったものが批判的に見直されている現状では、点滴一つをとっても重要な争点になりうるし、じっさいに、父の看取りでも争点化していたわけである。と同時に、それ以上に重要なのが、「(終末期に)できるだけ病院に行かないこと」であることも右の発言から十分に理解できるはずである……。

と、ここまで考えてきたときに、ふと浮かんだのは、「わたしの家」のスタッフが医師による往診予定日の前日に、あえて訪問看護師に来所を依頼したのは、そのため(つまりは、入院をできる限り回避するため)ではなかったかということである。というのも、父の現在の容態(や看取りにたいする家族の意向)を、訪問看護師からの臨床報告としてあらかじめ往診する医師の耳に入れておくことは、そうしなかった場合に比べると、病院への入院や検査をするかしないかについての医師の判断に与える影響が微妙に異なってくるように思われるからである。

振り返ってみれば、父の容態についての情報は、7日(月)に「わたしの家」のスタッフから訪問看護師に電話によって口頭で伝えられ、それが間接的に主治医に報告されていたに過ぎなかった(第5章)。したがって、もしも前日10日に訪問看護師からの報告がなかったならば、主治医の側にしてみれば、往診での診断をほとんど初見の状態で行わざるをえないことになってしまう。その場合には、大事をとって入院のうえで精密検査を実施するという判断へと向かうことも、十分にありえたのではなかったか。

つまり、11日の往診において、「老衰」という診断を得て看取りの態勢づくりへとスムーズに事が運んでいくにあたっては、前日の訪問看護師の来所が少なからず効いていたということである。とすると、10日の訪問看護師による「このまま、様子をみましょう」という（「老衰」であることを暗に示唆する）所見も、その表面的な「あっけなさ」とは裏腹に、じつは、翌日の往診に向けた重要な布石となっていたようにさえ思われてくる。

もちろん、こうしたスタッフと看護師の連携は、どこまで意図的になされたものであるかは定かではない。しかしながら、私にはこの出来事を通じて、いままさに生成されつつあった、まさしく状況に応じて織りなされる相互行為を通じて介護的知識と看護的知識とが独特に融合された〈「わたしの家」ならではの看取りの実践と知識〉の一端が垣間見れるように思われるのである。

3　看取りをめぐる訪問看護師とのつながりの深化

12月11日に生じた、父の看取りのあり方にかかわる、もう一つの重要な出来事。それが、訪問看護師から「わたしの家」のスタッフに対してなされた様々なアドバイスである。その内容の概略は、以下の介護日誌の通話記録にも残されている。

そこでの重要なポイントは、当時、管理者であった金子さんの側から訪問看護ステーションへかけられた容態報告の電話が、アドバイスをひきだす直接のきっかけとなっていることである。そのことも含めて、前節でみたような、前日の訪問看護師への来所依頼にはじまり、当日朝の主治医の往診への対応を経て、この夕刻の訪問看護ステーションへの連絡に至るまでの一連の動きのなかに、「わたしの家」での看取りにおいて訪問看護師との連携が深まっていくプロセスが、端的に見てとれるように思う。

なかでも、この日の主治医の往診において、金子さんの方から「特別訪問看護指示書」を交付するよう要請している点（前節参照）は、さらに注目に値しよう。というのも、この指示書が出されることによって、訪問看護ステーションは、指示書が公布された日から14日以内は、医療保険を用いた訪問看護を毎日行えるようになるからである。

したがって、冒頭に引用した「自然の看取りに対して、訪看が入ってから、とくに落ち着けるようになりましたよね」という状況が生みだされるにあたっては、じつは、このときの金子さんの指示書交付の要請が重要な役割を果たしていたということがわかる。

なお、その日の夕に訪問看護師からもたらされたアドバイスとは、以下のようなものだった（介護日誌より一部抜粋）。

12月11日　（日勤Fさん）

16：00　訪看へ Tel　状況報告（金子）

BPチェックは頻回でなくてもOK

①呼吸の仕方
②手首の脈拍（ふれなければ80↓　ふれれば80↑）
③尿が出ているか（出るということはまだ膀胱が動いている）
④脱糞（死のおとずれる前に体の中の便が出てくる、ゆるむ）
以上四点を観察ポイントに。
BPは突然低下する場合もある。
明日12/12（土）10：30 訪看来訪
17：30　オムツ交換　尿パット（＋）少 濃縮
左下に体交（体位交換）するも呼吸が荒くなる
両手指 少しのチアノーゼ（＋）

ここでは、終末期での容態チェックの方法として、呼吸、脈拍、尿、便といった観察ポイントの他に、BP（血圧）チェックの（不）要点（ゴチック体の部分）も記されており、それには、多分に前夜の出来事が影響していたと思われる。なお、BPチェックをめぐるこうしたアドバイスに関連しては、数年後の訪問看護師さんへのインタビューでも、死にゆく本人が感じる違和の所在について次のように語られていた。

――〈血圧は〉測ることで、より心配になっちゃったりするでしょうし。高い血圧でも、本人の表情とか、なんか、辛そうでなければ、そんな頻繁に測る必要はないし……。頻回に測ることでもぅ、かなりここ〈二の腕〉加圧しますから、うーん、なんだろうなって、本人もきっと、表現はできないとしても、きっと、なんとなしに、あれー、みたいに思うのかもしれません……。

この訪問看護師さんは、20数年にわたる総合病院や専門病院での勤務を経たのちに、訪問看護の道へと進まれており、そうした経験が看取りについても独自な視点を培ってきているように思われる。それらの視点が、前記のような連携を通じて、「わたしの家」における看取りのあり方にも様々な影響を与えていることは間違いない。

とりわけ今回の看取りとの関連で重要なのは、訪問看護師の人たちが、それまで幾例もの老衰死〈自然死〉を在宅で看取ってきた経験をもっていたという点である。そうした現場で培われた知識が、「わたしの家」における「医療的措置をできるだけほどこさない看取り」、すなわち「日常的なケア以外は何もしない看取り」を支えていたことは、いくら強調してもしすぎることはない。

ただ、それに続けてあらためてここで確認しておきたいのは、そうした訪問看護師さんの看護的知識と、「わたしの家」の介護的知識との融合がもたらした〈このホームならではの看取りの実践と知識〉についてである。

というのも、グループホーム「わたしの家」には、**長期的な定点観察により「老衰死のはじまり」**

から看取りまでの一定期間にわたって容態の推移を一貫して見守ることができるという、訪問看護師ともまた異なるある種のアドバンテージといえる条件が備わっているからである。

それは、大規模な老健施設とは対照的な、利用者数の限定性によって入居者の一人ひとりへの見守りが行き届いているという点に大きくかかわっており、とりわけ、そこでの看取りの独特さとは、たとえば、父の場合には、入居以来7年にわたる平常のケア体制が、そのままのかたちで看取り期のケア体制へと移行していっている点にこそあるといえよう。

したがって、最後に、この〈ホームならではの介護の精神とスタイル〉(第3章・第4章を参照)の延長線上に、いかにして〈ホームならではの看取りの実践と知識〉が生成されていくのかを、ホームにおける2例目の老衰死の事例をもとにみておくことにしたい。

4 〈ホームならではの看取りの実践と知識〉が生成する現場から――2例目の衝撃

――Tさんも、そうでした……。(三浦さんが亡くなった)その1ヵ月後に(このホームで、96歳で)お亡くなりになられたTさんも、(三浦さんと)同じ(ような経過)でした。1週間、食べれなくなって、まったく1週間(というところも)同じで……。だから、今回不思議だったんですけど……、Tさんの話に飛んじゃうと、三浦さんを看てきたので、今回私たち、へん、変な、不思議な感じで……、(Tさんの)死期がわかる……、みたいなね。そう、(死期が）わかっちゃったんですよ。あれは、すごい……

――やっぱり、食べなくなるとねぇ、あぁぁ

――そぅ、これさー、（三浦さんのときと同じ）みたいな、この状態！

――ちょっと具合悪くて食べれないわけじゃないのね

――そう

――食べれない、飲めないっていう

――**［私：その違いが、わかるんですね？］**

――そう、わかっちゃったんです！

じつは、この会話もまた、前章の最後に紹介した父の死の3ヵ月後にグループホーム「わたしの家」を訪れて行ったインタビューのなかで、《父の看取りにかんする裏話》につながるかたちで語られていたものだった。

もうこの頃には私にも、「わたしの家」にかんしてある種の免疫のようなものができかけていて、どんなに意外なことや不思議なことが、起こったり語られたりしたとしても、ちょっとやそっとのことでは驚かなくなっていた（はずであった）。

しかし、あれだけの心の葛藤をかかえながら、それでもやっとのことで、なんとかなしとげた感いっぱいの父の看取りは、私にとってまさにはじめてで、かつ一回きりの出来事だったのに、「わた

しの家」では、同じような自然死（老衰死）での2例目の看取りが、わずか1ヵ月後にあっさり（と、私には感じられたのだが）実現していたのだという。

しかも、逝去にいたるまでの「1週間」という期間の近似性にとどまらず、「食べれない、飲めない」という（健康な人の）終末期にみられる徴候と、「（何らかの疾患のせいで）具合が悪くて食べられない」状態との根本的な違いまでが、「（自分たちスタッフには）わかっちゃった」というのである。「そんなことが、本当にあるのだろうか?!」と、さすがの私もまたもや度肝を抜かれてしまったことを、ここであらためて告白しなければならない。

いったい、その2人目の事例とは、どんなものだったのだろうか。その経緯を、管理者だった当時の金子さんの語りから引用しておこう。

――（三浦さんの死の翌月にあたる）1月の17日（日）か、そのへんが（ホームの）新年会だったんですよ。で、（隣接する楓棟の）Tさん（たち）がこっち（桂棟のリビングルーム）で、みんなで（お祝いの）ご飯食べて、みんなでいるときに、（Tさん自身、半睡状態ではなく）起きてるんですけど、もともとはね、よく反射的に、口に入れるとぱくぱく食べるような、三浦さんと同じような感じだったんですが、反射的に口にもってけば食べる人が、どうも口に入れたまま、口を、咀嚼してなかったんですよ。ちょっと、あれー、と思って、「これおかしいよね」って、「（以前）こっち（桂棟に来て）いたときの状態からするとおかしいね、おかしいね」って言って。で、次の日に、私も（桂棟の）現場に入ったりしてばたばたしてたので、あんまり気にとめてなかったんですけど、（ふと）気になって、あくる日に「食事の状態（の記録）をちょっと見せて」って（楓棟に）行って（介護日誌を）みたら、「あれ、極端になんか、週末から食べれなくなってる、量が減ってるけれども、今日の朝はどうだったの？」って、「いや、もう、全然食べれない。飲み込み、口には入れても飲み込めない」って。「あ、三浦さんと同じじゃない、これ」って話になって。で、あっち（楓棟）の職員は、（桂棟に入居していた）三浦さんのその（終末期の）状況、事細かに見ていなかったので、それ（楓棟の介護日誌）を、そっち（桂棟）に持って帰ってきて、「こういうわけだけど、これ、どう思う？」って言ったの。「それ、同じだよね」っていう話になって、「これ、もしかして、やっぱりちょっと危ないんじゃない？」っていうことで、も、急遽、家族に言って、（三浦さんのときと）同じようなことを、段階をふんで……。

この語りからは、毎日の介護実践の積み重ねのなかから看取りの知識が生みだされるいきさつが、よく伝わってくる。と同時に、看取りの知識は、それまでの他の看取りとの関係のなかで生みだされている、ということを思い知らされるエピソードでもある。なかでも、職員間の注意深い観察にもとづく連携は、まさしく「わたしの家」ならではのものといえよう。

さらに、「老衰死のはじまり」に対する気づきの瞬間が報告されていることも貴重である。なるほど、〈そのとき〉の訪れは、場合によっては、かなり正確に予測できるのかもしれない……。

しかし、当然ながら、他の基礎疾患等があることによって、まったく予測できないような看取りのプロセスを経るケースが多くあるのも事実である。

次章では、「わたしの家」における他の様々な看取りとの比較も行いながら、さらに〈「わたしの家」ならではの看取りの実践と知識〉の生成をたどり直していくことにしたい。

第8章　〈交響する看取り〉のなかで

1　それぞれの看取り

2015年12月12日（土）。時刻は、あと10分ほどで午後5時になろうとしている。そのとき私は、千葉県流山市の「わたしの家」へ駆けつけるべく山手線日暮里駅の常磐線下りホームで快速電車を待っていた。昼過ぎに関西の自宅を出てから、すでに4時間余りが経っていた。

予定としては、その日私は午後に大学の授業がらみでNPO団体との用事が入っており、それを済ませてから夜間に上京し、火曜までの3日間父の付き添いに入るつもりだった。

ところが、午前中に父のもとを訪れた看護師さんより、早くてあと数時間なので、今のうちに家族に連絡しておくように言われたと、いつになく切迫した口調の姉から電話があったのがすでに11時をまわった頃だった。

昨日になってようやく主治医から「老衰」という診断を得て、医療保険を用いた終末期の訪問看護も毎日受けられるようになった矢先のこと。やっと落ち着いて看取りに向き合えると一息ついた昨日の今日で、これにはまったく虚をつかれた心境だった。

こんな状況に突然立たされて、正直なところ私のなかでは「できるなら仕事だけは済ませてから行きたいという気持ち」と「それどころではないという切羽詰まった思い」がせめぎ合っていた。ただ、「早くてあと数時間」という具体的な言い方から察するに、「たとえ今から無理して駆けつけたところで、間に合わないかもしれないし……」と、じつは当初の私の判断は前者に傾きかけていた（また、後述するように、臨終時期の予測はしばしば外れることもあるので、できれば「外れてほしい」という気持ちもあった）。

しかし、家を出るぎりぎりのタイミングまで迷ったあげく、結局午後の仕事はすべてキャンセルして、急遽「わたしの家」へ向かうことにしたのだった。

道中のことは、ずっと気が張っていてほとんど覚えていない。唯一、記憶に残っているのが、冒頭の日暮里駅でおそわれた奇妙な感覚のことである。常磐線ホームで、次に来る列車のデジタル表示板に「東京上野ライン」という見慣れぬ文字を目にした私は、不意に方向感覚が失われ自分がどちらへ向かっているのかわからなくなり（なぜなら私はすでに東京・上野を後にして、これから常磐線の電車に乗り換えようとしていたのだから）、まるで迷子になったような気分に陥ってしまったのだった……。

なんとも他愛ない錯覚ではあったけれど、父の死に目に間に合わないかもしれないという宙ぶらりんの状況のなかでの方向感覚の喪失は、自身を不安のどん底に突き落とすには十分すぎるものだった。じっさい、父の看取りに際して孤独な自分を痛感したのは、何よりもこの瞬間ではなかったかとさえ思う……。

ただ、そのことがいまだに忘れられないのには、もう一つ理由がある。というのも、この出来事に遭遇したのが、父の「死亡診断書」に記載された「正式な」死亡時刻である午後4時46分とほぼ同時刻だったからである。いわば、私にとってこの体験は、ある種の「虫の知らせ」だったのだ。

したがって、《私にとっての父の看取り》は、この時点ですでに実質的な最終局面を迎えていたといえるだろう。だが、じっさいにはそうならなかった。というか、この連載エッセイを書くために聞き取りをはじめてみると、とてもそれで終わらせられなくなってしまった。なぜなら、本エッセイのテーマとなる《グループホームにおける父の看取り》という観点からみると、「（2001年のオープン以来、自然死での看取りの最初の事例であった）父の看取りの終わり」は、同時に、「（その後の）他の入居者の人たちの（自然死のみならず、がん等の病死も含めた）このホームに独自な看取りのはじまり」でもあったからである（第5章を参照）。

言い換えれば、私たちが〈このホームならではの看取りの実践と知識〉と呼ぶものは、それぞれの入居者の方々にたいしてスタッフが積み重ねてきた数々の看取りの経験が相互に複雑な影響を及ぼしあうなかで形成されてきたものである。それは、次にあげる2つのエピソードにもみられるように、一方で、**父の看取りの経験が、後の方々の看取りを行ううえで何かしらの役に立ったり**、また他方では、**後に行われた看取りが、最初の父の看取りに思いがけなく新たな光を投げかけたりすること**が、頻繁に見受けられた。

たとえば前者のエピソードとしては、前章の最後で「2例目の衝撃」として引用した管理者であった金子さんの語りに続く次の部分、すなわち、父の死のわずか1ヵ月後にホームで生じた2人目の自然死での看取りにたいする、病院長と若い医師のそれぞれに異なる対応のくだりに着目したい。

――（自然死での看取りをしたいということを、三浦さんのときのようにご家族の意向も踏まえつつ）段階を踏んで、院長先生にお願いにあがって、（日常的なケア以外、医療的処置は）何もしないっていう話を言いにいったんですけど。やっぱり「何もしないっていうのは、おかしいでしょ。点滴ぐらいしたら？」みたいな感じだったんです……。それでも、やはり家族は、「いや、もういいです」っていう話もして、で、その三浦さんの話っていうか、「一人（そうして逝かれた人がこのホームに）いたみたいで」って言ったら、あ、三浦さんて思ったようで、先生が、「ああ、ああ、ああ、「わたしの家」のあの人、ああ、ああ、なるほど、じゃあ、わかったよ」みたいな……。**［私：そんなことがあるんですか？］**それでたぶん、もう一例（三浦さんの）があったので、「じゃあ、ま、なんかあったら、看護師、行かせる」ってなって**［私：そういう具体例があると、先生が納得しちゃうことも？］**納得っていうか、「ああ、また、同じね」みたいな感じなんですが……。でも、その方が亡くなった後に、死亡診断に来てくださった先生が、若ーい先生だったんですけど、その人がね、ホーム長が送り迎えしたときに、「や、なんか、こういうのはじめてなんですよ」って、言ってたらしいですよ。「勉強になりました」みたいな。いわゆるその、何もしない、自然に人を看取るっていう、その死亡診断に立ち会ったのが、はじめてなんですって……。

前章末にみたように、「〈ホームでの自然死の〉1例目」にあたる父の容態変化の注意深い観察にもとづいて、「2例目」の入居者の方の「自然死のはじまり」に対する気づきが早々に職員間にもたらされていた。しかし、「1例目」から「2例目」への影響関係はそれだけに止まらなかった。

新たに引用した語りからは、**「1例目」の自然死での看取りの存在そのものが、ある種の前歴となって、自然死への理解のない医師にたいして家族や職員による自然死の選択を黙認させる一つの重要なきっかけとなっていたこと、**そしてさらに、**「2例目」の死亡診断に立ち会った若い医師へ自然死にかんする新たな知識をもたらすという間接的な効果まで生みだしていたこと**がわかるだろう。

ここにみられるのは、これまで私たちが強調してきた看取りをめぐる〈医療との折衝や距離化〉であるのみならず、〈介護と医療との新しい協同〉の萌芽であることが重要である。

では後者のケース、つまり「2例目」以降のホームでの数々の看取りが、父の看取りに新たな光をあてるとは、いったいどういうことだろうか。おそらく、この点にこそ「わたしの家」ならではの〈看取りの実践と知識〉の独特さがよく表れているといってもけっして過言ではない。

以下にみるのは、父の死から2年後に行われた「(ホームでの自然死の) 3例目」の看取りをめぐる金子さんの語りである。仮にこの話にふさわしい題をつけるなら、「真夜中のハッピーバースディ」とでもなるだろうか……。

――この方は、11月＊日のお誕生日の日に亡くなったんですけど、食べれなくなったのが、もぅ、それより12日くらい前だったのかな。でも、飲まず食わずで12日間て、なかなかいかない(もたない) わけですよ。でも、誕生日が＊日に控えてたので、お嬢さんたちが、「お母さん、誕生日まで頑張るのよ、誕生日まで頑張るのよ」って **[私：そこで、頑張っちゃったんだね]** そ、頑張ったんですよね **[私：じゃあ、あんまりそのときも、点滴とか、しなかったんですか、全然?]** しなかったです **[私：でも、まぁ、ほんとに、ああ、よく頑張りました、そんな状態で……]** そう、毎日、たぶん、お嬢さんたちがね、ようく言われてましたからね、「お母さん、頑張って」って。やっぱり、ちょっと具合悪くなってきて、また (面会に) 来て、「お母さん頑張って」なんて言ってるうちに、たまに目をぱちっと開けたり……。で、それ、2、3回繰り返して、でも、誕生日の日に、いよいよちょっと (間に合うか) あやしくなってくるかもって、(それが) 前日だったので、「じゃあ、これはもぅ、次の日に耐えられるかどうかわからないから、誕生日のその日の午前零時、11月＊日の夜中の12時にお祝いしましょ」って、「その時間 (また) 来ますから」って言って、飾り付けしといて **[私：そうかそうか、一日早くやったんだね]** そうそ、零時ぴったり、亡くなる6時間ぐらい前です。で、そこで、「12時になったね、いやー、良かった、もぅよく頑張ったねー」ていう感じでお嬢さん2人と、職員何人か来て、お部屋でね、歌うたったりして……。「じゃあ、いったん戻りますねー」っていって、職員帰って、お嬢さんたちは泊まり込んでたので。で、その日の明け方ですよね、急にやっぱり状態が変わってきて、なんかねぇ**［私：本人も、ほっとしてね］**そうだと思う。やっぱりほっとするとか、ここまで頑張るとかって、亡くなる人ってあるんだろうなと思います。お父さんも、そうですよね。きっと、耕吉郎さんを頑張って待とうと思ったと思いますよ**［私：ははは（笑）、そうですね、あと1時間だったから］**そうそう、そうそう**［私：いや、なかなか。ああいうの、頑張ってたんだなっていうのは、なんとなく感じますよね、1時間ていうところが、やっぱり（笑）］**

看取りとお誕生会がいわばセットになったこのような光景に、読者の皆さんはいささか戸惑われるかもしれない。ただこの日が、逝かれる方のもう少しで百歳に迫る誕生日だったことを勘案すれば、お嬢さん方やスタッフの気の入れようもわかるだろう。

ともかく、これまでたびたび指摘してきたように、こうした看取りの場のもつ〈ニギヤカさ〉にこそ、〈このホームならではの介護の精神とスタイル〉がいかに「わたしの家」の〈看取りの実践と知識〉と不可分に結びついているかを知るうえでの、大きなヒントが隠されているのであった。それはたとえば、今まさに死にゆこうとしている人を歌をうたって送ろうとするのもそうだし、何よりもこのたびのように看取りの場にお誕生会という祝いの場を、それも深夜に突如、出現させてしまうところにこそ端的に見てとることができる。
以下では、父の臨終のシーンを、あらためて他の看取りの事例との交響的な関係のなかに置きなおしつつ描きだすことを通じて、そうした〈看取りの実践と知識〉を生みだしてきた〈このホームならではの介護の精神とスタイル〉の本質に迫りたい。

2　〈尊厳ある生〉のための介護と医療――父の臨終の場面から

3例目のドラマティックな展開に比べると、父の最期における看取りは、一見いかにも淡々となされていったようみえる。しかしここでは、そうした静と動の違いのなかに通底する〈介護の精神とスタイル〉の方に着目してみたい。次に掲げるのは、父の亡くなる前夜から当日朝にかけての介護日誌である。

12月11～12日（夜勤Bさん）
20：30　呼吸はやや早いが安定している。
オムツ交換　パッド尿（＋）濃縮（＋）粘りが強い。
22：30　Bp127/108 P64 Kt39.2 クーリング交換パッド尿（＋）

〇〇さん［私の2番目の姉（筆者注）］に状況の報告をする。明日の朝伺いますとの事。
23：30　呼吸安定。発汗（＋）体に触れると左腕を動かし反射あり。
呼びかけには反応せず。昏睡に近い状態。
24：00　Kt39.0 クーリング交換。体交。
息づかいが荒いが安定。
3：30　Kt38.8 呼吸が荒いが落ち着いている。右足下肢、足指先、紫斑あり。
右半身反射弱く、力があまりない。右腕だらりとしている。
パッド尿（＋）少、濃縮（＋）、尿臭（＋）
6：00　パッド尿（＋）少、Kt39.7 クーリング交換
7：30　〇〇さん来訪。髭剃り、顔拭き。夜間の状況の説明。

じつは、夜勤だったBさんからは、後に父との思い出を綴った手記をいただいており、以下にその当日の部分を引用したい。そこからは、介護日誌には書かれなかったBさんの心の声が聞こえてくる……。

この日、私は夜勤でした。私は朝からやや緊張していたように思います。スタッフの間から「先生の様子から見るとソロソロかもねぇ。今夜かな、それとも明日かしらね」と心配する声が

聞こえてきていました。16：00　夜勤の為出勤。直ぐに三浦先生の居室に向かい、呼吸の状態や表情を確認する。声をかけると右目がわずかに開き反応されたように感じました。しかし、明らかに今までの三浦先生ではなく、終末期の死と向き合い、まさしく死に向かっている人としての姿でもありました。「先生！　今夜は駄目ですよ。せめて明日まで頑張ってくださいね」「先生のご家族やスタッフが沢山揃ってからお別れですよ」と心の中で祈りました。深夜になると、夕方の呼吸の状態と違い徐々に息づかいが荒くなり強くなっていきました。少し離れたところにいても、呼吸の音が聞こえる程でした。懸命に呼吸をしてゴールに向かってラストランしているかのようでした。早朝、○○さんが駆けつけて来られました。ほっと一安心。○○さんは毎日ホームに通われてお父様に寄り添っておられました。お疲れもあったはずなのに何時もと変わらず優しい眼差しで静かに見守られていました。

簡潔に記された介護日誌の行間に、なるほどスタッフとしての様々な思いがこんなにも詰まっていたのかと、あらためて深く感じさせられる文章である。Bさんはこの時点で、「わたしの家」に勤めて12年目のベテラン。落ち着いた対応のなかに祈るような気持ちが吐露され、父の入居以来7年間にわたって築かれた、入居者とスタッフという職務上の関係を超えた人としてのつながりのあり様が滲みだしてくるようだ。

だが、それだけではなかった。驚いたことに、このBさんの手記によると、（夜勤を終えたその日の午後のことだが）じつは死にゆく父の枕元でも、やはり歌がうたわれていたという、それも皆で斉唱する「大声」での歌が……。ただ、この場合は死にゆく人を、皆で送り出すためでも、祝うためでもなかった。それは、なんと私が到着するまで父の逝くのを少しだけ留まらせるための歌だった……。

……耕吉郎さんは仕事の都合で、神戸から新幹線でこちらに向かっておられるとのことでした。「三浦先生！　耕吉郎さんが来られるまで頑張って下さいね。先生の大好きな歌を一緒に唄って待ちましょうねぇ。」定番の憧れのハワイ航路やリンゴの唄、青い山脈など数曲を○○さんとスタッフ（金子）と三人で大声で唄いました。耳は最後まで聞こえるという。三浦先生もきっと聞こえていたと思うなぁ〜♪

いま、この部分を引き写している私のなかで湧き上がってきた感情。それは、ああ、また「わたしの家」のペースに引き込まれてしまっているな、というほとんど感慨に近いものだった。私自身、前節の「真夜中のハッピーバースディ」のエピソードを書いているときには、まさかこの部分を自分がここで引用することになろうとは、まったく思ってもいなかった。しかし、あらためて手記を熟読していると、この死期を少しでも引き延ばすために歌をうたうという突飛なエピソードが、あたかも「真夜中のハッピーバースディ」の出来事を光源として新たにスポットライトを浴びたかのようにして浮かびあがってきたのだった。

この連載エッセイの初回冒頭（第1章）で、私は、延命治療による身体的苦痛によって尊厳を奪われた患者の人たちが、せめて死期を自分で選ぶことによって尊厳を取り戻そうとする「尊厳死」との対比のもとに、父がみせたような自然死での逝き方を、みずからの死の時期を自己決定する必要のない、意思決定の難しい父のような重度の認知症の人たちにも平等に訪れうる死であるという点で、〈尊厳ある生〉のなかでの従容とした死と表現した。

そうして、その後の7回にわたる連載のなかで、〈尊厳ある生〉を保障するための重要な条件として、一方で、〈終末期における「医療との距離化」〉を、〈介護と医療のより良き連携〉のあり方との関連において模索するとともに、他方で、〈「わたしの家」ならではの看取りの実践と知識〉を、いわば〈このホームならではの介護の精神とスタイル〉という土俵のうえにおいて考察してきた。

その結果、「わたしの家」で実現されてきた〈尊厳ある生〉を象徴するものの一つとして、ここでまた新たに見えてきたのが、逝きつつある人に届けるために枕元で（ときに大声で）うたわれる歌であるように私には思われるのである（とはいえ、このホームでは看取りの場でつねに歌がうたわれるわけではもちろんなくて、頻度からすると例外的な事例ではあるのだが）。

こうした状況が可能になったのは、まさに「医療との距離化」の賜物にほかなるまい。そもそも、ホスピスでならともかく、一般の病院に入院していて、終末期にある人の誕生日を深夜に祝うとか、逝く人の死期を遅らせるために皆で歌うなどといったことは、容易に許されることではないだろう。

ここにあるのは、すでに見てきた「最期の入浴ケア」の場合とも同様な、〈医療的なもの〉の論理とは大きく異なったものである。しかしながら、すぐにも付け加えておかねばならないことは、じつは、こうした対応は、一般的な介護の方法や理念とも、微妙に、あるいは大幅に異なっているという点である。

その点については、あらためて次章で、「わたしの家」の〈看取りの実践と知識〉と不可分である〈このホームならではの介護の精神とスタイル〉を支えてきた根本的な考え方を明らかにしていくことになろう。

さて、最後の12月12日の介護日誌の記述は、午前中の訪問看護師による容態の見立てと助言にはじまり、近親者たちの来訪→スタッフによる頻繁な訪室→父が息を引きとる→訪看による死亡確認→医師による死亡確認→皆での清拭を経て終局へと至っている。まずは日誌を概観しよう。

12月12日（日勤Fさん）

10：30　訪看より
　　SpO_2 99％あるも過呼吸、ＢＰ測定不能・脈とれない、
　　亡くなった時は呼吸停止で、時間確認して訪看にTel、
　　Dr確認にて処置となる、
　　亡くなった時は口が開かないようにあごの下に何か入れる

11：00　SpO_2 55％

〇〇さんの息子さん娘さん来訪
三浦さんの長女さん［私の1番目の姉］来訪
呼吸安定しているも昏睡に近い、両手両足チアノーゼ（+）
□□さん［私の2番目の姉の夫］来訪、夕方来ますとのことで戻られる
12：00　手指確認チアノーゼ（+）右目より涙を流している感じがする
訪室　13：00　14：00　14：30　15：00
15：30　訪室　脈がかすかに取れる感じがする
15：55　頸動脈がふれず　Faに見守られ息を引き取る
金子　訪看にTel
16：25　訪看さんにて死亡確認
16：46　総合病院の医師により死亡確認となる
17：00　訪看さん、職員、家族にて清拭となる
優しい穏やかなお顔でした
ご冥福をお祈り申し上げます　職員一同

この看取りのシーンを、読者の皆さんは、どのように感じられたであろうか。これといって、とくに他の看取りと変わらないじゃない？と思われる向きもあるかもしれない。しかし、〈医療との距離

化〉という点に着目してこのシーンを見直すと、病院に入院していた場合の看取りと比べて、次の点で大きく異なっている。

第1に、午前中の訪問看護師による30分ほどの定期的な看護の時間帯をのぞくと、父が午後に息を引き取るまで、医療者は一切父の部屋に姿をみせることはなかったという点である。しかし病院においては、昏睡状態でいつ臨終を迎えるかもわからない患者への対応として、こうしたこと自体まずありえないことである。午前午後の主治医の回診、バイタルの計測や点滴・導尿の処置等のための看護師の頻回の入室はもちろんのこと、もしも臨終が近いとわかれば、医者や看護師が部屋に詰めて心音・脈拍・心電図等の変化を注視したうえで、最終的に医師が厳かに臨終を家族に告げることになったはずである。

第2には、そうした点において、「医療者の姿のない部屋」での看取り環境は、病院とはガラッと変わったものとなるだろう。病院での看取りでは、数々の医療的処置や臨終・死亡時刻の宣告などを通して、どうしても医療者が主役の位置に立つ。ということは、病室に集った家族は、医療者のせわしげな立ち居振る舞いに遠慮しながら、部屋の隅でただ控えているだけということになりがちである。ところが、グループホームの居室での看取りにおける主役とは、「真夜中のハッピーバースディ」に端的に示されているように、一貫して逝く人と家族・関係者、そして介護スタッフなのであって、その点はBさんの手記にもあったように父の看取りのさいにおいても同様であった。

第3に、こうした〈医療との距離化〉が行われることで、奇妙な事態が生じていることに気づかされないだろうか。介護日誌からわかるのは、病院の看取りでは臨終時の1回で終わっていた死亡確認が、ホームにおける自然死での看取りにおいては、①父がじっさいに息を引きとったとき、②ホームからの連絡を受けて来所した訪問看護師による死亡確認のとき、③そして、その訪看の連絡を受けて来所した医師による死亡確認、と3度行われていることである。

じつは私は、こうしたイレギュラーな事態のうちに、終末期における〈介護と医療との新しい協同のかたち〉について考える重要な鍵があるように思われてならない。そこで最後にこう問うてみたい。それでは、医療者のいない①の場面における死亡確認は、いったいどのようになされたのだろうか、と。

そこで、終末期における〈尊厳ある生〉を支えるとともに生みだしてもいる介護スタッフによる当日の看取り場面における具体的実践について、とくに、①の死亡確認の部分を中心にみておきたい。以下のインタビューは、その日、日勤であったFさんに、父の死の7ヵ月後に行ったものである。そこからは、私の知らなかった当日の部屋の様子や出来事、それに、Fさんがたびたび訪室していたわけや、その心までが……まるで手に取るように伝わってくる……。

――うーん、やっぱり先生との最期は、私は、ほんと覚えてます。その週は、私ありがたいことに夜勤はやってないので、1週間勤務だったんですよ。(当日は) たまたま日勤になって、「もう、ちょっと早くて今日かな」なんて、看護師さんもみえておっしゃって、「最後、頸動脈が触れなくなったときが最期だから、確認してね」って（笑）。でも、看取りって、あたし、やったことなかったんですよ。三浦先生がはじめてだったんで、うーん［**私：でも有難いことでね、そういうときに**］この1週間、私にできることって何かなって、まぁ、ほかの御利用者さんもいるので、行って、向きを変えてあげたりとか、あとは話をしたり、声をかけたげたりとか、うーん、も、それしかできないんですよね。やっぱり、こぅ、変わってく先生の様子がね、まず、あの、足の色とかも変わってきましたし、あ、今日こっちかなとか、こっち向けたら可哀そうかな、でも、やっぱり家族がおみえになってたので、こっち、みんなの見える方向けてあげたいなっていうの、ありましたね［**私：寝たきりの人のため？**］そうですね、だいたい2時間から3時間おきぐらいで、右とか左とか正面とか、体交（体位交換）してますね。そうじゃないと、褥そうができちゃうので。でもやっぱり、ご家族様がみんなみえてるので、だんだんこぅ、死期が近づいてくると、最期はやっぱり家族でみさせてあげたいっていう気持ちがあって、あんまり（居室に入っちゃいけないのかな、とか思うんですけど、先生、来たよ、みたいな感じで（定期的に顔出してて）……うーん［**私：そういう気持ちも有難いですよね、家族としても、そういうふうに思っててもらって。でも、おそらく、来てもらうと、僕らほっとするんですよ。ずっと専門的に見てくれてる人が、今の父の容態も知ってくれてるっていうのが有難いし、ま、頼ってるんですよ、僕らは、やっぱり**］そう、だから、亡くなるその日かなぁ、たしか、こっち向いてたと思うんですよ。涙っていうかねぇ、出てたような気がしたんだよねー、うん、どっちかの日がね、泣く泣くこぅ閉じてるような感じがして……、でも、何度かね、先生のとこに行って、お話を聞けたっていうのが、まぁ、自分なりに声をおかけして、そして、頑張ってっていう気持ちと、もぅ、先生、いいかな、早く楽になろうかなって、も、そっちも葛藤でした、正直**［私：ああ、そうですかー］**その日、だんだん、だんだん、行くたんびに、私、じつは、何気にこぅ、触ってたんです**［私：うん？］**何気に、こぅ（頸動脈に）触れてて、あれっ、ちょっと、触れてないかなみたいな。あの、ご家族に気づかれないように**［私：ふーん］**そっと、そっと、そっと**［私：そういうふうに？　触り方で？　触れかたで（笑）］**そうです。ここに来る前にあたし、病院で看護助手してたこともあったので、看護師さんのそういうの、ちらりと見てたりしたので。やっぱりね、ちょっと、ちょっと（脈を）測りますっていうのも、家族にとって**［私：あまりにも……］**あまりにもリアルすぎるので、すーーーみたいな（一瞬の軽い触れかたで）、すーーー（笑）**［私：それは面白い］**それは、私が勝手にやったことで、こうしなさいって言われたことでもないので……。最期のときも、ここ（頸動脈）さわって、触れない、よしっ、みたいな感じで、時計ないのでスマートフォンを出して……。でも、ほんとに最期は、ほんっとに、いい顔してましたので**［私：そうでした？　父が］**いい顔してましたよぉ、うん。やっぱりこの1週間、ずっと先生といられたことが、私にとっては、すごい不謹慎な言葉になってしまいますけど、すごい、最期の看取りについて、お勉強させていただいたなっていう気持ちは正直あります**［私：うん、いやぁ、むしろ、そういう自分のね、その死に方で、相手の方に、さらにその次のことに生かしてもらえる**

のなら、医者だったら本当に本望だと思いますけどね、うん、自分の体で学ばせるっていうのは、やっぱ、究極的なことじゃないですか」それで、看護師さんがみえて、あのぅ、きれいにお体を拭くときに、私、一瞬どうしようかなと思ったんですよ、（お部屋を）出ようかなと。家族だけで、あと看護師さんがついてないとできない部分もあったので、いやー、そのときね、ちょっと一瞬どうしようかなって悩んだんですけど、ま、私はこっちでタオルを絞って、家族に渡して、きれいに拭いてもらう。それだけやらせてもらおうかなって気持ちで、（部屋の）中に一緒に入らせていただいてました……。

私自身、いまでもありありと思いだすのは、私が青い顔をして父が逝去したホームの居室に駆け込んだとき、緊張して肩で息をしていた私に、父の顔を拭いてあげるようにとそっと差し出された温かいタオルの手触りと、すでにずいぶん前からベッドのまわりで思い思いに父の体を拭いてくれていた私の息子や甥、姪、姉たち、看護師、スタッフのみんなの顔に浮かんでいた、まるで直前まで歓談していたかのような穏やかな笑みである。

これは、私の直感でしかないのだが、ホームで2例目の自然死の死亡確認に来訪した若い医師が「勉強になりました」と言ったのは、医療的処置がまったくなされていないことに驚いただけでなく、亡くなった方の最期の「ほんっとに、いい顔」や、それを見守る家族やスタッフたちの穏やかな笑みに、はじめて接したということではなかっただろうか。

そして、このFさんの語りから窺えるのは、医療者からの適切なアドバイスがあれば、「看取りをやったことがない」という介護者であっても十分に死亡確認を行うことが可能だということである。それどころか、脈拍の確認について、家族の感情をおもんばかって触れているところを察知されないような方法を工夫するにいたっては、そこには医療というよりも介護の論理が表面化してきているようにさえ思われる。

じっさい、父のケースを見る限り、少なくともこうした自然死の場合には、体位交換から最期の看取りの場面にいたるまで、介護的側面の方が医療的側面よりもはるかに優先して求められているといえるだろう。

しかし、このように述べるだけでは、まだ十分とはいえない。なぜなら、先に指摘したように、〈このホームならではの介護の精神とスタイル〉を形作る思考には、一般的な介護の理念や方法とはかなりの隔たりが見受けられるからである。その思考の根本に迫るのが終章の課題である。

第9章　「生かす介護」から「もう少し楽な介護へ！」

1　最後の一文のインパクト――「看取り」と「見守り」のあいだ

Fさんが前章のインタビューで強調されていたことのなかで、もう一つ印象に残ったこと。それは、父の臨終のさいの状況説明として、当日、介護日誌の最後に書かれた一文――「15：55　頸動脈がふれず　Faに見守られ息を引き取る」――への秘められた思いについてである。

――私、最後に（介護日誌を）書いたの私なんで、（家族に）「看取られ」ではなくて、「見守られ」の方に（表現を）させていただいたの、じつは……。「看取り」って、看護師さんの「看」なんですけど、私は家族に見守られてお幸せに旅立っていったんだなっていう気持ちで書かせていただいたんですよ。（だから）看取りとは書いてません。なんか、やっぱり、あの、家族のなかで、皆に見守られて、ああ、旅立ったんだなっていう気持ちで、うん、お疲れ様っていう、私のなかでの気持ちがあったので、たぶん、こっちの字をね、使わせていただいた、ちょっと不謹慎かなと思ったんですけど……。なんか、看取るっていうと、ああちょっと型にはまっちゃうかなって……（笑）。

「看取り」と「見守り」という言葉づかいの違い。それは一見、些細なことに思われるかもしれない。じっさい、このインタビューで告白される前も、された後も、私自身、日誌のなかの「（家族に）見守られ」という表現に、とりたてて違和感を抱くようなことはなかった。だが、前章を書き進めるなかで、そのときのFさんの思いがようやく私にもわかってきたのである。もしかすると、「医療者の姿のない部屋」で「父の旅立ち」のために集った人たちの和やかな様子が、Fさんには「看取り」という言葉にはどこかしらそぐわないように感じられたのではなかったか。そこで、より適切なものとして浮かんできたのが、「見守られ」という表現だった。

たしかに私たちが「看取る」というとき、当然ながらその主体は看取る側であり、死にゆく人は、いわば看取る側からの一方的な視線や判断にさらされる受動的な存在でしかなかった――「＊＊に看取られて息を引きとる（！）」。それにたいしてFさんが目にしたのは、「皆に見守られて、お幸せに旅立ったんだな、お疲れ様」という表現に象徴されるように、周囲の者たち（家族や関係者や介護者）が、旅立つ人（＝主体）にたいして、そっと見守りながらそれを支え＝励まし＝ねぎらう、といった光景だった。
　重要なのは、「看取りにおける〈医療との距離化〉」という事態のなかで、従来の「看取る―看取られる」という一方向的な関係性とは大きく異なる、いわば、「逝く人（つまりは往生する側）」と、その「往生」を見守る（支え、励まし、ねぎらう）者たち（しかも、その場にいる者だけでなく、私のようないない者も含めて）とのあいだの相互的な関係性が、前面に浮上してきていることである。そこには、〈医療との距離化〉――社会学的には「脱医療化」ともいえよう――がこの社会にもたらしつつある、「看取り」の意味の変容の兆しさえ読み取れよう。

2　「介護」の意味の変容――「もう少し楽な介護」とは？

　しかも、こうした〈医療との距離化〉がもたらす意味の変容は、「看取り」というピンポイントでの事態のみならず、「介護」という日常的で持続的な営みにまで及ぶものでもあった。その点について、最期の床に伏した父のベッドサイドでのインタビューにおいて、金子さんはすでに次のように述べていた。

　――（この近隣で）看取りに力を入れてられる在宅診療の先生に（お願いして）講習、今週末、日曜に講義してもらうんですけど……、こちら（ホーム）に来てくれることになってて……。その先生がおっしゃってたのは、「医者も介護者もそうだけど、やっぱり（これまで）、その、生かすケアしか勉強、教育してないから……。（でも）そうじゃないんだよね」って。私、その話を聞いて、「ああ、そうだな」と思ったんですよ。やっぱりその、（自分も）生かす介護の勉強をしてきてるから……。たとえば、できなくなった、（じゃあ、まだある）残存機能を生かそうって、できるだけ歩けるように、できるだけ食べれるように……。で、状態が悪くなっても、こぅやっぱ、できるだけどうにか食べないかっていうふうに努力したり……。どうにか歩けないかとか、どうにかトイレで排泄できないかって一所懸命考えようとするんだけど……。「そうじゃなくって、もう少し楽な介護っていうのがあるんだよ」って、先生がおっしゃってくれて、「そこにとらわれないような……」**［私：とらわれないっていう意味で、楽なんだ］**そうそう、そうなんです。（それにとらわれると）一所懸命に考えちゃって、「ああ、ずっと寝たまんまだとね、体固まっちゃって寝たきりになっちゃう」とか、「だから起こした方がいいんじゃないですか」っていう意見になるんですよ。でも、それが果たして本人にとっていいのかっていったら、（場合によっては）本人、寝てたいわけですよね。たとえば、寝てご飯が食べたいこともあるだろうし、ご飯も食べたくないときもあるだろうし、だから、そういう本人の気持ちに寄りそってあげるっていうんですか**［私：それはできる？　判断できる？］**できます。私たちは今、できると思ってるんです。たぶん、できる力量がうちにはみんな今あると思うんですけど。1人でできなければ、何人かでやっぱり話していくんですけど。あと、ご家族と相談したりね、しながら。そんな、ご飯も食べたくないのにね、食べてもあれだから、じゃあ好きなパンを食べようみたいな**［私：ああ、パンのばっかり食の人、いらっしゃいますね］**そうそう、それじゃあ、パンばっかり食べてますけど、元気ですけどね、パンばっかり食べて。なんだ、好きなものばっかり食べても元気でいられるんだねっていう、それが人間の生命力なんじゃないかっていうことも、あったりするので**［私：だから、これまでの医学や介護の常識とはだいぶ違うんですね］**人が人生を終わろうとするときっていうのは、いかに本人に、本人、の気持ちじゃないけど、（その人の生命力のあり様に）近づいてあげるっていうか、なんていうんでしょうね。だから今、そういう意味で何人か（看取り期の方が）いらっしゃるので、いい勉強してるなと思いますね。

この語りの冒頭で予告されていた看取りの講演会は、父が亡くなった翌日の12月13日（日）の午前中に、予定通り「わたしの家」のリビングルームで開催された。私たち（姉、義兄と私）は、その日、父の部屋の片づけにおわれつつ、リビングルームから漏れ聞こえてくる講師の先生の話に耳を傾けていた……。

そんな折のこと。居室の開いた戸のすき間から、不意に小さな女の子がすたすたと部屋に入ってきたのである。そして、私たちには目もくれず、まっすぐベッドのそばまで行くと、ちょっと首をかしげて空いたベッドを不思議そうに眺め、きょろきょろと周囲を探すような素振りをみせたあと、またすぐにすたすたと出て行ったのだった。

スタッフの子どもたちから「みうらじいじ」と呼ばれて人気者だったという父のことだから、きっと元気なときには、その子にも「オバケだぞ〜」と胸の前に両手をだらりと垂らして笑わせていたのだろう、私たちきょうだいへ子どもの頃にいつもやってみせていた姿そのままに……。

だからその少女の所作も、彼女なりの父にたいする「見守り」と「お別れ」の儀式だったのかもしれない。そのように考えると、この一連の出来事は、いかにも「わたしの家」らしい看取りの実践にみえてくる。

なにしろ一つのホームで、はじめての自然死での看取りがあったその翌日に看取りの講演会が開かれるなどということは、滅多にあることではないだろう。じっさい、2001年にオープンして以降、2014年までの14年間にわずか2人のみ（死因はいずれも病死）だった「わたしの家」での看取りが、この両日を境にして、2015年末〜2019年末までの4年間で6人（自然死が4人、病死が貧血とがんの2人）を数えるに至っている。

また、「生かす介護」と「楽な介護」という考え方が金子さんのなかに生まれたのも、このとき講演を依頼した医師による助言がきっかけだったというから、まさにこの年は、「わたしの家」における〈介護と医療の新しい協同〉元年とさえいえよう。

とはいいながら、「楽な介護」の中核におかれる「本人の気持ちに寄りそうこと」とは、これまでもずっと〈「わたしの家」ならではの介護の精神とスタイル〉の根本をなしてきた部分だったわけだし、料理・掃除・洗濯等を通じて残された機能を最大限に生かして認知症の進行自体を遅らせるといった「生かす介護」もまた、「わたしの家」の介護実践の主要な柱であることにこれからも変わりはないだろう。

むしろ、そこで問われていたのは次のこと、すなわち、「生かす介護」と「楽な介護」は同じ水準で対立する（どちらかをとれば、他は不要になる）ものではなくて、異なった水準においてどちらも必要なものであるにもかかわらず、講師の先生の言うように、今日では医療・介護の教育が「生かすケア」や「生かす介護」一辺倒になってしまっているために、現場の医者や介護者もそれにとらわれて「もう少し楽な介護」があることに気づけなくなっている、という点だった。

じつは、このような論理は、本書の読者の皆さんにはすでになじみ深いもののはずである。なぜなら、私たちが〈終末期における「医療との距離化」〉をめざすことになった背景にあるものこそ、これまでの終末期医療が、もっぱら人を治すためのパターン化された医療措置に準拠することにより「生かす医療」や「生かす看護」一辺倒になってしまっていたために、現場の医者や医療者もそれにとらわれて「もう少し楽な逝き方」があることに気づけなくなってしまっている、といった事態だったからである（第1章参照）。

まずは、これらの「もう少し楽な介護」と「もう少し楽な逝き方（＝自然死での逝き方）」の交差するところで、「わたしの家」における看取りの実践が遂行されていたことを、押さえておく必要がある。

それでは、ここで言われている「もう少し楽な介護」とは、誰にとっての、どのように楽な介護のことだろうか？　同じインタビューのなかで金子さんは、レクリエーションのプログラムを例にあげて、次のように述べる。

——私たちはよく介護する立場って、一所懸命レクをやらなきゃいけないとか、そういうのってやっぱりあるんですよね。グループホームでも、いまここ（「わたしの家」で）は、そんなに（レクリエーションの時間て）ないです。何かさせなきゃ、何か楽しみ、アクティヴィティをプログラムしたげなきゃって言うことが多いんですけど、それで強引に起こされて、「さぁ、今から歌うたいます」なんて起こされても、起きたくない人だっているわけですよね、ものを言えない人たち（のなかに）は。だから、そういったときに、やっぱりそこの場所にいるだけの空間があってもいいと思うし、何か一所懸命させることだけがいいことじゃないんだなって思う……。

この発言が興味深いのは、はじめに引用した語りが、終末期における食べる-食べない-食べたくない、起きる-起きない-起きたくない等々、といった心身の状態や残された生命力のかすかな変化を尊重した「本人の気持ちへの寄りそい」のケースだったとすれば、ここでは、終末期になる以前の日常的な生活場面における、レクをする-レクをしない-レクをしたくない、そのために起きる-起きない-起きたくない、という個々人の意思表示の尊重というかたちでの「本人の気持ちへの寄りそい」がテーマ化されていることである。

なぜ、それが興味深いかというと、終末期における「もう少し楽な介護」が検討されるようになる前提として、**「わたしの家」においては、すでに（終末期以前の）日常の介護においても、レクをする－しない、そのために起きる－起きないといった選択を、その時々の本人の意志に反して強要されることがない、という点での「楽な」介護がなされてきていた**という点である。

このような利用者個々人の意思が尊重される〈「わたしの家」における介護の精神とスタイル〉が、施設介護にたいしてこれまでしばしば指摘されてきた集団介護の画一化（集団処遇）を回避するとともに、一辺倒な全員同じ介護の対極にあるような個別的な介護を実現させてきていたことは強調されてよかろう（第4章）。そしてそれが、私には、後述するようなグループホームに入所したままでホスピス的なケアが受けられるユニークな実践を生みだすことにもつながっているように思われるのだ。

しかし、それだけではなかった。別の箇所では、介護者の陥りがちな燃え尽き症候群をめぐって、次のような発言もなされていた。

――介護する側が、介護するだけにとらわれちゃうと、やっぱり、あの、燃え尽きちゃうんですよね、この仕事って。大変なことばっかりを見つけ出して、やれ、やれ、何ができなくなった、やれ、どうだってなっちゃうと、あ、もう、この人は大変な人だ、「大変な人」のひとくくりにまとめちゃって、ああ、介護って、大変だ大変だになっちゃうんで。それで、（介護の仕事を）辞めていっちゃう人って意外といるんですよね、この世界、燃え尽き症候群みたいなかたちで。だから私なんか、みんなにたまに言うのは、大変なところをね、できなくなったところを見つけ出しちゃったら、もう、きりがないし、できないものはできないんだから、逆にその人のできるところをね、見てあげる方がよっぽどいいいいいんじゃない、お互いに、って言うんですよ。

つまりは、**介護する側が「(利用者の)できなくなったところを見つけ出すよりも、できるところを見てあげる」ことによって、利用者と介護者の「お互いに」とって良い、つまりは「楽な」介護が実現できる**というのである。

このような「本人の気持ちに寄りそう」ことによって介護する側も癒されたりケアされる、少なくとも介護という仕事に燃え尽きてしまうことのないような関係性のことを、私は本書において試みに「相互的ケアへの志向性」と呼んできた。そうした志向性が「わたしの家」においては、たとえば利用者から強い拒否や怒りの感情(《こわばり》)が表出されたさいにとられる、〈ほぐす〉と〈ほっと〈〉という2つの方法の融通無碍な組み合わせによる「1人での外出」や、あるいは介護抵抗にたいして1人が心のケアをしているあいだにもう1人が必要な介護を行う「2人介助」等々といった独特な対処法に反映されていることは、すでに見てきたとおりである(第3章、第4章)。

そして、「わたしの家」でのそうした志向性(私がそれをあくまで「志向性」と呼ぶのは、現実には「生かす介護」や「生かす医療」中心の体制がもたらす制度的な壁の存在によって、しばしば理想にとどまらざるをえないからである)が、看取りの状況においても、いや、看取りの状況においてこそ、重要な働きをしているように私には思われるのである。

なぜなら、**自然死で逝くということは、逝く側にとっては、〈医療との距離化〉によって終末期における入院、検査、治療といった過剰な負担を避けられるという点で〈楽な最期（往生）〉をもたらしていると同時に、それを見守る（ケアする、介護する、看護する）側にとっても、前章で見たように最後の最後まで逝く人の生命力との深い交感を体験することを通じてある種の癒しに達することができるからである。**

とはいえ、これまで詳細に見てきたように、そうしたケアや介護の態勢に求められるのは、食べる―食べない―食べたくない、起きる―起きない―起きたくない、といったかすかな日常的な行動の変化に目を凝らし耳を澄ますことによって老衰死の徴候を察知することにはじまり、病院での検査や治療が、自然死の過程にあるその人の生命力にどのようなマイナスの影響を及ぼすかの持続的な精察と、それにもとづく医療者との頻回にわたる容易でない折衝といった、きわめて慎重な判断を不断に要する行為であった。

その意味では、こうした「もう少し楽な介護」や「相互的なケア」を実践することは、けっして字面から安易に想像できるような楽なことではないのであって、このことはどれだけ強調してもしすぎることはない。

さらに重要なのは、**「もう少し楽な介護」にしろ、「相互的なケア」にしろ、これらはけっして何かしら崇高な普遍的理念が外部から導入されてきたものではなくて、あくまで「わたしの家」のスタッ**

フの様々な経験の蓄積のなかから生みだされた実践だという点である。

意外に思われるだろうけれど、実を言うと、「わたしの家」におけるこれらの実践の内実とその意義をきわめて鮮明に照らしだしてくれたのが、先の父のベッドサイドにおける金子さんの発言から4年後の2019年11月末に行われた、このホームではじめての末期がんの方に対する看取りだった。

3　がん死での看取りが照らしだすもの

すでに5章はじめに触れたように、この末期がんによる看取りの対象となったのは、ホームに入居して3年目になる80歳代前半の男性だった。その年の4月に余命半年と診断された後、がんセンター病院へ一時入院したほかは、半年余りにわたって「わたしの家」で療養されていた。

亡くなられたのは、なんと私がホームを訪れたほんの数日後。後になって聞いたところでは、寝込んだのは最後のたった2日間だけで、それまではトイレへも自力で歩いて行かれていたとのこと。他の自然死の方々の場合と同じように、最期は穏やかに逝かれたという。

「今まで、がんの看取りって、やっぱり医療面がはいってくるし、もう、できないんじゃないかって、ずーーっと思ってたんですよ」と切り出された金子さんのそのときの語りには、まさに、本書でみてきたようなホームでの4年間にわたる数々の看取りの経験が凝集されているといってもけっして過言ではなかった。

とりわけ興味深いのは、**ホームでの数々の自然死での看取り経験の積み重ねのうえに、医療的な緩和ケアがうまい具合に接合されながら導入されている点**である。それでは、その方が亡くなる文字通り直前の時期に行われた金子さんへのインタビューに、まずはじっくりと耳を傾けてみよう。

――（そのがん患者の方にしてみれば）先生が、がんだって言っても、そこの認識は、自分のなかで持ちきれず、でも長くはないんだろうなっていう思いも、わかって……。ま、認知症がゆえに、ちょっと忘れちゃう部分と、でも、自分の体がおかしいんだっていうところの、も、狭間で、すごく葛藤されてたと思いますし、今もされてると思います……。（がんの痛みの抑制については）がんセンターにいたときから、痛み止めは出はじめていたんですけど、この1ヵ月は在宅支援のクリニックの先生にもお願いして、かなり痛みのコントロールをしていただけるようになってきてて……**【私：やっぱり、あのぅ、麻薬系のものも使われるんでしょ】**そうですね、もぅ、いま、使ってます、麻薬は。それって、それを使うまではすごく恐かったんですよ。うち、母（前の年にがんで亡くなった前ホーム長の大角さんのこと）が、1回その医療用の麻薬の弱いの使って呼吸困難になったことがあって、最初に出されたのが同じ薬だったので、いや、どうかなぁと思って、すごく心配だったんですけど、飲んで大丈夫だったので、まぁ、そこからうまーく、今使うようになって……。使い方うまくすると、すごく効いて、ただ、眠さはね、やっぱり出てきてしまうので、寝てる時間はすごく長いんですね。ま、寝たり起きたり、なんとなーく起きても眠い、という状況ではあるんですけど。でも、逆にその寝れてるので、脳が、痛みの方へ神経が、気持ちがいかないから、ああこういうふうに痛みのコントロールってしていくんだなっていうのが（わかってきた）、ここ最近……。**［私：それは、何時間おきとか決まってるんですか、それとも、なんか、必要なときには飲むという？］**そう、必要なときに飲むレスキューなんです、（もちろん）基本的な痛み止めの麻薬っていうのも、24時間効くものを使ってはいるんですけど、そこにプラスしてレスキュー的に、本人の訴えがあったり、辛そうなときに入れてあげるっていうのをやってるので……。いまはだから、たぶん（痛みの）緩和にかんしては、そういうふうに（麻薬を）使って、本人を楽にしてあげるっていうような（治療が中心で）……。その（クリニックの）先生もおっしゃられてるのが、たとえば、体内酸素の度数が低いから「じゃ酸素を出そうね」っていわれて在宅酸素も使ってますけど、本人はそれを、違和感があるからって使わないんです。でもそこで先生は「いや、使った方がいいよ」とは言わない、で、その考え方は、も、一所懸命やって治ることであるならばいいけど、そうじゃないんであれば、それがやったことが本人に苦痛になるんだったら、も、それはストレスにしかならないから、やらなくてもいいよっていうふうにおっしゃってくれる。そこで（ホームの職員たちも）皆んな学んでいくわけですよね、そうかそうか、本人が苦痛なものはもういいのか、みたいな**［私：その考え方が、ほんとにいま大事なとこだと思うんですね。以前はほら、もぅ末期のがんなのに、きつくても頑張って手術したり抗がん剤を投与したりしてましたからね。まだ、緩和医療も行き届かなかった頃は……］**だから、点滴も同じですよね、最後、たとえば老衰の人にしても、水分が足りないからって、ご飯を食べないからって点滴を入れる。その点滴を入れることで、余計に苦しくなっちゃう、痰が出ちゃってっていう、ところを、やっと、なんとなく、ね、気づきはじめてきたんじゃないのかな、世の中が……。ただ、（その方についてはこういう経過）なんで、いまは、ほんとに何もしないで、食べるものもあんまり食べれなくなって、ますます食べれなく今なってきてるので、も、ほんとにあのぅ、衰弱してきてるような状態なんですけど、気力でまだ頑張って、歩いてトイレに行ったりとかしてるので、すごいです**［私：へぇえー］**痛みって、耐えるんだなと思いますね、母を見てても、この方を見てても。ま、耐えれる人たちなんでしょうね、耐えれない人は耐えれないと思いますよ、も、痛い痛い、もぅだめっていう人はいると思うんですけど、耐えれる人って、こうやって耐えていくのかなっていう、ま、その痛みの度合いはわからないんですけど。彼の場合は、いまだんだん腫瘍が大きくなってきてるんだと思う。でも、それについても、病院（がんセンター）に通っていた時期も、あえてそんなに検査は、逆にまったくしないんですよ**［私：はーーっ］**最初の診断で検査したときだけで**［私：はい？　その後、診てないんだ、どれくらいがんに変化があるか］**そうなんです。それを一回、尋ねたことがあるんですよ、病院に行って、がんセンターで、「いまどういう状況なのか知りたいんですけど」って言ったら、「その検査が苦痛でしょ」って返されて、ああ、そうだったなと思って。やっぱりそれも、（苦しんで検査をしても）じゃ、それで治るわけじゃないでしょっていう考え方ですよね**［私：うんうん、まぁ、そう**

ですね］なので、病院に入ったとしても、逆に、病院に入って、がんセンターの先生が言ったのは、「病院に入ってもやることは変わらないよ」って**［私：へえ、ああそうか、結局、ここ（ホーム）で看取るのと］**そう、同じこと。今やってることと同じことしか、（病院でも）たぶんしないから。だから、ほんとにもう、そのときを待つって、うん、そうなのかなと思って……。でも、もう、みんな（職員たちは看取りにも）慣れた、たいした度胸があるから。いい経験ですよね。たぶん、今までみんながしてきた看取りの経験がある、そこが財産になってるから、がんの看取りを受け入れるのも、いけるかなって思えたし、できてるんじゃないかなと思うんです。**［私：がんの看取りについて職員の方とミーティングとかは？］**うん、しました。こわいとか、どうなるかわからないからっていう意見も出て。そのなかで、ま、緩和の先生や病院の先生や看護師さんとも話して、ほんとに本人が苦しくて病院に行きたければ、病院に入院するという、最終的にそういう選択肢もちゃんと確保しておこうねって話をして。そこは、何が何でもここで看取るってしちゃうと、やっぱりそれは、自分たちのエゴにしかならないから、も、本人の気持ちに添ってですよね。でも、ご家族が（近くに）いらっしゃらない人なので、後見人の先生とも話しながら……。そうやっていくうちに、みんなが、なんかこのまま看取ってあげられそうだねっていう流れになってきて、緩和ケアってどういうことをするのかっていうのが、ここ最近確立できてきたっていう、皆の心のなかで……。

このように、この方の場合、最後まで緩和ケアによる一定の疼痛管理が確保されており、また、歩いてトイレにも行けていたということから日常生活面でのＱＯＬもちゃんと維持されていた。がんの末期には、たとえ入院していたとしても、往々にして何日間もベッド上でチューブにつながれたまま、激しい痛みに苦しまなければならないケースがいまだに多く見受けられるところからすると、医療者が常駐していない「わたしの家」において、このようなホスピス的なケアが実現していること自体、驚くべきことではなかろうか。

じっさい、ホスピスの特色である患者の最期の望みをかなえるというケア実践にかんしても、「わたしの家」でも類似の実践が行われていて、ご本人がまだ元気なうちに、後見人の先生に付き添ってもらって遠方の家族のもとを訪れることもできたという。

さらに、緩和医療にかかわる医師たちと金子さんとのあいだで展開されている、見方によってはとても奇妙なやり取りをみて、目まいのような感覚を抱かされたのは果たして私だけだろうか。というのも、父の看取りにおいて私たちがあれだけ汲々としてめざしていた〈医療との距離化〉を、緩和医療に携わる医療者たちが、むしろ率先して〈「その検査が苦痛でしょ」「病院に入っても〈「わたしの家」と〉やることは変わらないよ」等々〉主張していたのだから。

ここに見られる〈介護と医療との新しい協同〉とは、今回の「わたしの家」からみた場合には、恒常的というよりは、がんの患者さんのためになされた在宅診療や緩和医療とのアドホックな連携というかたちで、地域のクリニックやがんセンターの医師たちと一時的に緊密な関係を築いている点が特徴的といえよう。そして、そこに参加した医師たちに共通していたのは、基本的な医療的介入を痛みの緩和という点だけに限定しており、患者の苦痛になるようなその他の医療措置（入院や検査や治療）は本人が強く望まない限りは勧めないといった態度であった。

こうした協同のかたちを一言で表すなら、「**終末期における〈医療との距離化〉を前提として、医療的介入を必要最低限に留めることをめざした、介護と医療との協同**」とでもいうことになろうか。

しかしここで、ただちに付言しておくべきなのは、こうした事態をもとに、「わたしの家」での看取りにおける〈介護と医療のより良き連携〉がついに実現したと評価するのは早計に過ぎるということである。というのも、このような協同は、がん等の終末期の疼痛管理が主たる目的の場合に限られ、その他の基礎疾患のある患者さんの看取りの場合には容易に成り立ちえなかったからである。じっさい、重度の貧血の方の看取りにおいては、終末期にもかかわらず入院をともなう輸血をあえて行おうとする病院側と、その必要性を疑うホーム側とのあいだで、その可否をめぐって他の自然死の場合よりもさらに厳しい折衝がなされなければならなかったのだから。

むしろ、本書を締めくくるにあたって、最後に強調しておきたいのは、このがん死での看取りという事例から浮かびあがってきた〈「わたしの家」ならではの介護の精神とスタイル〉の内実と意義を、現時点においてあらためて確認しておくことである。それは端的にいえば、「わたしの家」において末期がんの方へのホスピス的なケアが実現された背景を明らかにすることにほかならない。

とはいえ、私がここでホスピス的ケアと呼ぶ緩和ケアとターミナルケアとが結びついたケアのことを、金子さんは、今回はもとよりこれまでのインタビューでも、私の記憶にある限り、一度として「ホスピス的ケア」と言われたことはなかったのである。

その理由として考えられるのは、「わたしの家」のホスピス的ケアには、他のホスピスとは大きく異なる点がいくつも存在しており、私の見るところ、その多くが〈「わたしの家」ならではの介護の精神とスタイル〉と密接に結びついているのである。

そして、これが最も重要な点なのだが、「わたしの家」のそうした看取り実践には、一般のホスピスにはない、多様な利点が存在しているように思われるのだ。

その利点とは、第1に、**認知症の人のためのグループホームとして発足し、自然死での看取り経験の延長線上において、がん死での看取りを実現させている**点である。つまりは、逆にいえば、**ホスピスではないのにホスピス的な看取りを行える一方で、ホスピスではできないような自然死での看取りも前々から行ってきていた**ということなのである。このことは、このたびの**ホームでのがん死の看取りが、現行のホスピスでの看取りをモデルとしたものではなくて、あくまでホーム、つまりは在宅における自然死での看取りの延長線上でなされた**ということにほかならない。

第2の利点は、一般の病院併設のホスピスの場合は、（希望者が多いために）入所の条件が、最期を迎える直前の数週間といった短期入所に限られているのにたいして、**グループホームでは今回の例のように、（結果として）半年間にわたる長期的な終末期ケアへも随意に対応可能**だったという点である。

これは、これまで指摘してきたようなグループホームに備わった特性、すなわち、利用者数の限定性によって入居者一人ひとりへの見守りが行き届いているうえに、たとえばこの方の場合であれば、入居以来2年半にわたる平常のケア体制が、そのままのかたちで看取り期における緩和ケア体制に移行していっていること。それによって、**ホスピスとは比較にならないほど長年にわたって当人のケアに携わってきた顔見知りのスタッフたちによる、24時間にわたる集団的な見守りのなかで最期まで過ごすことも可能になる**といったかたちで、がん患者に対する稀有な看取りを実現させている。

そして、第3の利点は、たんにグループホームの特性としては一般化できないような、〈「わたしの家」ならではの介護の精神とスタイル〉が備え持っている「もう少し楽な介護」や「相互的なケアへの志向性」の存在である。

先の金子さんの語りのなかにも、**「本人の気持ちに寄りそう」ことによる「個別的な介護」の様々な実例を、認知症の人のがん認識をめぐる葛藤への理解や、心身を楽にするための医療用麻薬の利用から、痛みへの耐性にかんする個人差への言及、そして本人が入院を希望する場合の想定に至るまで、随所に見いだすことができる**。また、それに加えて、主治医からなされた容態を改善するための手術の申し出に対しても、QOLをこれ以上低下させたくないという本人の意向を尊重して見送られたことも、ここに付記しておきたい。

さらに、「相互的なケアへの志向性」にかんしては、**何よりも看取りに向き合う介護スタッフの意思を尊重しながら、無理をしないで病院の医師とも連携しつつ、「このまま看取ってあげられそうだ」という空気がグループホーム内に醸成されるのをゆっくりと見極めていくといった姿勢**はお見事というほかなかった。

それでは、5章の冒頭で描きだした、このインタビュー時のリビングルームの光景をもう一度思い起こしていただきたい。**人の気配や台所の音や料理の匂いといった生活感があふれる雰囲気の〈ニギヤカさ〉**。そうした〈ニギヤカさ〉を居室に居ながらにして感じつつ最期のときを穏やかに、従容として迎えようとしている、一人の入居者の方にとっての生。これもまた、平穏な日常のなかでの、終末期における〈尊厳ある生〉であり、〈充実した生〉といえるのではないだろうか。

いまから思えば、このときに見た光景がその後の私の研究を大きく方向づけるきっかけとなったとともに、じつは、その後のホームへの長いご無沙汰がはじまる直前のこの時期に私の心に深く刻まれた、「わたしの家」の最後の光景でもあったのだ……。

それほど、この日に私が「わたしの家」から受けた衝撃は、大きなものだった。もちろん、それは、これまで私が告白してきたような幾年にもわたって「わたしの家」のスタッフからもたらされた数々の驚きの積み重ねのうえでのことではあったけれども。

こうしてその日以降、看取りの空間において存在している医療的論理からは大きくかけ離れた〈ニギヤカさ〉に着目することによって、はじめて「わたしの家」に固有な〈看取りの実践と知識〉の生成を記述することが可能になったといってもけっして過言ではなかった。

〈医療との距離化〉という発想や、看取りの場の〈ニギヤカさ〉や、ホームに固有な〈看取りの実践と知識〉は、それらすべてが、この「わたしの家」ならではの〈介護の精神とスタイル〉のなかから生みだされてきたものであると同時に、それら自体によって新たな〈介護の精神とスタイル〉を「わたしの家」において不断に生みだしつつあるということも、わかっていただけたのではないだろうか。

そうした「わたしの家」ならではの〈介護の精神とスタイル〉は、何よりも認知症の方々の困難に深く寄りそうとともに、認知症の人の苦しみを少しでも軽減させようとして、それ以上の何かを求められることのない「そこの場所に居るだけの空間」を創りだすことに貢献してきたことは、言うまでもないことである。

しかしそれだけではなく、認知症であろうとなかろうと、この世界で生き死にする私たちにとって、「わたしの家」ならではの〈介護の精神とスタイル〉にもとづく諸実践は、ある種の普遍的な生のかたちと死のかたちを呈示してくれているようにさえ思われてならない。なぜなら、その「生のかたちと死のかたち」の交差するところにある自然死で逝くということこそ、私たちがこれまで本書でみてきたように、まさに認知症の人だけでなく、がんやその他の基礎疾患をもつ人たちにとってもけっして無関係ではないからである。

そして、本書で試みてきたような自然死への着目が、ゆくゆくは「自然死の復権」へとつながり、終末期の過剰な医療的措置に苦しむ人びとを減らすことができれば、望外の幸せである。

さて最後になるが、先に述べた「長いご無沙汰」とは、言うまでもなく2020年初頭から日本のみならず世界規模で新型コロナウイルス感染症の蔓延という事態が発生したことにより、高齢者施設への不要不急な訪問の自粛が長期にわたって求められるようになったことをさしている。

じっさい、ニュースでは高齢者施設でのコロナ感染によるクラスターの発生や、介護現場における混乱についての報道が連日のようになされていた。そんなときに、私はといえば、自分が感染しないよう努めるだけで精いっぱいで、千葉県の施設における感染状況をびくびくしながらネットで検索することぐらいしかできなかった。

その頃、「わたしの家」では、介護の場でソーシャルディスタンスをとったり入居者の人たちにマスクを着用させたりすることの困難さと向き合いながらも、食事を対面ではなく横一列に並んで行うなど、可能な感染予防の対策を新たに編みだしていたという。

そんな話を、年1回、本書の元となった雑誌の連載稿をお送りして金子さんに内容を確認していただくさいに、電話を通じてぽつぽつと伺っている。

あるときには、医療者と比べて介護者にワクチンの順番がまわってくるのが遅すぎると嘆いておられた。

もっと最初の頃に驚いたのは、はじまったばかりのコロナ対策で困ったことは何かと尋ねたところ、「一番大変だったのが、家族の面会を断ること」という返事が返ってきたことだ。消毒用アルコールや防護服等の備品や人手の不足といった内容を予想していたので、少し拍子抜けしたけれど、いやいや、そんな非常時にも「本人や家族の気持ちに寄りそう」ことを第一に考えておられるのには脱帽させられた。

しかも、その話はそれだけでは終わらなかった。

数次にわたるワクチン接種も進んで、そろそろピークは過ぎたかと思われる時期ではあったけれども、まだまだ病院や施設では原則として面会を認めていなかった頃。

じつは、「わたしの家」では、看取り期の家族に限っては、慎重にではあるが早々と面会を認めていたという。

こんなふうに、「わたしの家」ならではの〈介護の精神とスタイル〉は、コロナ禍のなかでもさらなる進化をとげているのです！

あとがき

父が認知症の症状を示しはじめたのは、たしか母が亡くなって2、3年した頃だったと思う。はじめは、近所に住んでいた姉が面倒を見てくれていた。しかし、だんだんに一人で外出して迷子になったり、ころんで怪我をして帰ってきたりすることが生じてきて、姉だけにすべてまかせておくわけにもいかなくなっていった。

そんな折に姉から、デイサービスで利用していたグループホーム「わたしの家」に、父を入所させるのはどうだろうかという相談の電話がかかってきたのだった。

じつを言えば、そのとき私は姉の提案にすぐには同意しなかった。というより正直に告白すれば、むしろいろいろな理由をあげつらってホームへの入所に反対したのだった。それは、たまたま無認可施設で出火して利用者が多数亡くなったといったニュースを聞いたすぐ後だったこともあるけれど、私のなかに施設における集団処遇への根強い不信感があったのも事実である。

ただ、当時の私はグループホームの実態をなにも知らずに反対していたので、父との面会を重ねるにつれて、それまで抱いていた従来の施設イメージがいかに打ち壊されていったかは、本書を読まれた皆さんにはわかっていただけたのではないだろうか。

それでも最初のころ、面会に訪れるたびにホーム長だった大角さんがこられて、「たしか、弟さんは入所には反対されていたそうですねぇ……、いかがですか?」と心配げにホームの印象を尋ねておられたのが、今となっては懐かしい思い出である。

そんな「わたしの家」との出会いから、もぅ15年。「わたしの家」での父の看取りからも、8年が経つ。

2ヵ月前に現ホーム長の金子さんにお電話したところ、「わたしの家」では、2023年の1年間で101歳と105歳のお二人の方の看取りがなされ、結局、コロナ禍の4年間に看取った方は、合計で7人になったという。

それに関連してまたまた驚かされたのは、コロナ禍での看取りに特に役立ったのが、なんと「眠りスキャン」という介護ロボットだったというではないか。すでに2017年から「わたしの家」でも試行的に導入されていたのだが、その後実地で利用するなかで、看取りに応用できることがわかってきたという。

「眠りスキャン」では、ベッドに設置されたセンサーが呼吸や心拍などの体動を測定し、入居者の現在の状態をリアルタイムでパソコンやスマホに映しだす。そのデータを比較分析することによって、自然死(老衰)で亡くなる方の呼吸や心拍数の変化に一定のパターンがあることがわかってきた。それで、亡くなる時期がかなり正確に予測できるようになり、家族への知らせも容易に行えるようになったという。

たしかに、コロナ禍では、こういったデータが自動的に職員間に共有できただけでも、不要な接触を避けるうえで有効であったに違いない。しかもそれだけでなく、「（老衰によって食べられなくなったことが）わかっちゃったんです！」という直観的なレベルでの発見が、実際のデータによって実証的に裏づけられたということではないか。

とにもかくにも、これまでに見てきたようなきわめてヒューマンなホームでの看取りのなかに、AIを駆使した介護ロボットを随意に組み入れてしまう「わたしの家」の〈ケアの力〉には、本当に脱帽である。

じつは、その〈ケアの力〉をもっと深く知るために、私は2020年度に取得したサバティカル期間中に、できれば長期的なホームでの観察調査をさせてほしいと事前に「わたしの家」に申し入れていた。そのさい金子さんは、「本気なの？」という表情を浮かべつつも、受け入れの姿勢を見せてくださっていた（ように思う）。

それがコロナ禍の到来によって、残念ながら実現できずに終わってしまった。でも、私にはさらなる野心がある。

それは、もしも私が認知症になったら、「わたしの家」に入所させてもらって、今度こそそこで参与観察を試みたいと思っている。以前、（半分冗談で）認知症になったときのために今から入居の予約をさせてほしいと頼んでみたところ、スタッフの方たちも話を合わせるように「どうぞ、どうぞ、お待ちしています」と返したあと、「住民票をこちらに移すのを忘れないでくださいね」と真顔で言われたのだった。

そんなスタッフの皆さんと、デイサービスの時期も含めて最晩年の10年間を共に過ごすことのできた父は幸せ者だったと思う。

「わたしの家」の皆さま、これまで本当にありがとうございました。そして、今後ともよろしくお願いいたします。

また、最後になりましたが、私のエッセイの『新社会学研究』への掲載を快諾してくださった同人の皆さん、そして、雑誌への掲載時から本書の作成に至るまで、辛抱強く付き合ってくださった編集者の伊藤健太さんに、心から感謝いたします。

2024年3月

三浦　耕吉郎

注

(1) 平成19(2007)年に定められた厚生労働省の「終末期医療の決定プロセスに関するガイドライン」(なお、平成27(2015)年の改訂によって「終末期」という表現が、すべて「人生の最終段階」と改められたが、ガイドラインの内容自体に変更はない)では、「終末期医療及びケアの在り方」の項目の筆頭に、「医師等の医療従事者から適切な情報の提供と説明がなされ、それに基づいて患者が医療従事者と話し合いを行い、患者本人による決定を基本としたうえで、終末期医療を進めることが最も重要な原則である」と述べられている(傍点引用者)。また、同時に発表されたガイドライン解説編では、この点について、「終末期医療においては、できる限り早期から肉体的な苦痛等を緩和するためのケアが行われることが重要です。緩和が十分に行われた上で、医療行為の開始・不開始、医療内容の変更、医療行為の中止等については、最も重要な患者の意思を確認する必要があります。確認にあたっては、十分な情報に基づく決定であること(インフォームド・コンセント)が大切です」(終末期医療の決定プロセスのあり方に関する検討会 2007)とされている(傍点引用者)。

(2) 現在、尊厳死法制化を考える議員連盟によって国会に提出されようとしている「終末期の医療における患者の意思の尊重に関する法律案(仮称)」(第2案未定稿)においては、第二条(基本的理念)で「終末期の医療は、延命措置を行うか否かに関する患者の意思を十分に尊重し、医師、薬剤師、看護師その他の医療の担い手と患者及びその家族との信頼関係に基づいて行われなければならない。2 終末期の医療に関する患者の意思決定は、任意にされたものでなければならない。3 終末期にある全ての患者は、基本的人権を享有する個人としてその尊厳が重んぜられなければならない。」と、患者の自由意思による決定が重要視されている。しかしその一方で、第七条（延命措置の中止等）で「医師は、患者が延命措置の中止等を希望する旨の意思を書面その他の厚生労働省令で定める方法により表示している場合（当該表示が満十五歳に達した日後にされた場合に限る。）であり、かつ、当該患者が終末期に係る判定を受けた場合には、厚生労働省令で定めるところにより、延命措置の中止等をすることができる。」としたうえで、さらに第九条（免責）では、「第七条の規定による延命措置の中止等については、民事上、刑事上及び行政上の責任（過料に係るものを含む。）を問われないものとする。」（傍点引用者）としているが、このことは、延命措置の中止等の自己決定（つまり、死の自己決定）を望む患者にたいして、あらかじめ医療者にたいする免責措置をとっておく責任を新たに負わせようとするものといえる。ここで見過ごしにできないことは、たとえば、病床において一定のあいだ意識を失っている患者にたいして、延命措置の中止等の意思を表示した患者の書面と終末期という判定が存在しさえすれば、その後の患者の意識の回復を待ったうえでその時点での患者の意思を新たに確認しなくとも（じつは、その時点で、意識を回復した患者が自由意思によって延命措置の存続を希望する可能性が存在しているにもかかわらず）延命措置の中止が可能になってしまう、という点である。この場合、責任を果たすための事前の書面作成という行為が、任意の時点における自発的な意思決定の可能性を奪ってしまっていることが、ここではとくに重要である。

(3)「みずからの死の時期を自己決定する」ケースとしては、余命半年と告げられ、予告した日に安楽死をとげた米国人女性の事例が記憶に新しいだろう（米女性、予告通り安楽死／がん、余命半年宣告」『朝日新聞』２０１４年11月4日付）。これは、いわゆる安楽死にあたり、日本では法的に認められていない。しかしながら、「みずからの死の時期を自己決定する」という面では、安楽死も尊厳死も、自殺と共通する要素をはらんでいることは否定できない。しかも、尊厳死を実施するさいに挙げられている3つの条件、すなわち、①耐えられない肉体的苦痛、②回復の可能性がなく死期が間近、③本人の自発的意思、のうち、①は緩和医療の充実によって（一部の例外を除き）今や克服されつつあり、②については逆に、今日の医療技術の水準では正確に判定できない（つまり、例外事例が多すぎる）という事態が頻出していることによって、いずれも現在の医療制度との関連において、尊厳死を容認するうえでの一般的な条件とはなりえないことが明らかになってきている。だとすれば、私たちが今おこなうべきは、いたずらに「死の自己決定権」の法的な確立をめざすことではなく、むしろ、「みずからの死の時期を自己決定する必要のない」ような医療のあり方を模索することだといえよう。

（4）「わたしの家」は、1999年に千葉県内初のNPO法人となった「流山ユー・アイネット」（1995年から活動）の事業の一環として2001年にオープンした。この「流山ユー・アイネット」は、地域福祉を実践してきた市民を中心に結成され、「助け合い〝ふれあい〟活動」（介護保険では対象にならない家事援助や介助・介護の支援）を中心におきながら、介護保険活動や市からの受託事業にも従事している。なお、「わたしの家」の入居にかかる費用は以下のようであった（入居時：敷金30万円。月々に必要な金額：部屋代8万5千円、食費5万1千円、水道光熱費3万円。他に介護保険利用分：利用額の1～3割）。

（5）たとえば、在宅医による終末期医療にかんする次のような指摘は、医学的な専門知識が今日いかに不安定なものであるかを端的に告げていよう。

腹水、胸水は、どちらも「水」と書くが、その正体はもちろんH_2Oではない。腹水・胸水の正体は、多くの場合、おおよそ血漿成分であり、蛋白質、アルブミンが豊富に含まれている。

老衰でも、がんでも、終末期には低アルブミン血症になって、むくんで困っているものだ。病院では、腹水や胸水があると条件反射のように抜いて、アルブミンを補給することを繰り返している。あるいは、腹水を抜いた後、「脱水になるから」と言っては、相当な量（1～2ℓ）の点滴をしている。しかしそもそもこれらの行為がおかしいと思わないのだろうか。

とは言え、私自身も昔は患者全員にそうしていた時期があった。当時はそれが正しいと思い込んでいた。しかし「おかしい⁉」と少し気づいたのが医師になって11年目。それからは、もう何年も腹水、胸水は抜いていない。現在年間90人程度を看取らせて頂いている。うち、がんの患者さんは9割以上を自宅で看取っているが、腹水や胸水はこの10年間抜いていない。そう言うと、病院の先生方には「そんなこと、あるはずがない」と笑われ、なかなか信じてもらえない。

なぜ抜かないのか、なぜ抜かなくても大丈夫なのかというと、「待つ」ことを知っているからだろう。もちろん、何もせずにただ待つだけではない。経口や注射の利尿剤を使って、尿として水分を出している。尿は、水だからアルブミンは出ていかない。尿で出すことと腹水・胸水を抜くことは、意味がまったく違う。腹水を抜くと言うのは、血液を抜くにほぼ等しい。終末期こそ、アルブミンを維持しなければいけないのに、腹水・胸水を抜いたら貴重なアルブミン成分をみすみす体外に逃すことになる。

腹水・胸水を全部抜いたら、その日に死んでしまった……という話を耳にしたことがある。当たり前だ。（中略）経験の浅い医師は、患者の苦痛を緩和するために腹水や胸水は抜くことが絶対的に善だと思っている。しかし、そうではない。真に患者の苦痛を緩和するには、ただ待てばいいだけだ。

そもそも腹水や胸水が溜まるという状況には、必ず原因がある。がんや肝硬変や心不全など。どんな病態であっても、水分が溜まることで崩れかけたバランスの均衡を保ちながらなんとか生き延びようとしている姿なのだ。だから、過剰な体液貯留の水分部分のみ尿として利尿剤で出して、あとは待つ場合が多い。

もし腹水や胸水が苦しくて食べられないのだとしたら、人生の終末段階においてはまずは待つこと。**生きているだけで1日1ℓの水分を使うのだから、待ちさえすれば1日1ℓずつ体内から確実に減っていく。**待つとともに利尿剤を使えば、腹水や胸水は人工的に抜く必要はほとんどないはずだ。（長尾 2015: 67–69）

文献

浅川澄一、2023、「急増の老衰死 変わる死生観に合わない「歪んだ」統計法」(https://wedge.ismedia.jp/articles/-/29899、2023年4月5日)。

天田城介、2003、『〈老い衰えゆくこと〉の社会学』多賀出版。

猪飼周平、2010、『病院の世紀の理論』有斐閣。

井口高志、2020、『認知症社会の希望はいかにひらかれるのか――ケア実践と本人の声をめぐる社会学的探求』晃洋書房。

石飛幸三、2010、『「平穏死」のすすめ――口から食べられなくなったらどうしますか』講談社。

今永光彦、2019、『老衰を診る――人生100年時代の医療とケア』メディカ出版。

上野千鶴子、2015、『おひとりさまの最期』朝日新聞出版。

上野千鶴子、2021、『在宅ひとり死のススメ』文藝春秋。

大井玄、2015、『呆けたカントに「理性」はあるか』新潮社。

大塚孝司・玉井真理子・堀田義太郎、2015、「いのちをわけること、わけないこと、選ぶこと、選ばないこと――尊厳死法案と新型出生前診断問題を手掛かりに」『支援』Vol.5。

小笠原文雄、2017、『なんとめでたいご臨終』小学館。

小笠原文雄、2023、『最期まで家で笑って生きたいあなたへ――なんとめでたいご臨終2』小学館。

押川真喜子、2005＝2003、『在宅で死ぬということ』文藝春秋。

厚生労働省、2007(2015改訂)、「終末期医療の決定プロセスに関するガイドライン」。

小松美彦・市野川容孝・堀江宗正編著、2021、『〈反延命〉主義の時代――安楽死・透析中止・トリアージ』現代書館。

近藤誠、2013、『「余命3カ月」のウソ』KKベストセラーズ。

終末期医療の決定プロセスのあり方に関する検討会、2007（2015改訂）、「終末期医療の決定プロセスに関するガイドライン 解説編」。

鈴木喬、1983、『南溟不戦記――さようならハルマヘラ』いれぶん出版。

田代志門、2016、『死にゆく過程を生きる――終末期がん患者の経験の社会学』世界思想社。

立岩真也・杉田俊介、2016、『相模原障害者殺傷事件――優生思想とヘイトクライム』青土社。

出口泰靖、2011、「わたしが「あなたと〈ある〉」ために――認知症の人の「語り」」藤村正之編『いのちとライフコースの社会学』弘文堂。

出口泰靖、2016、『あなたを「認知症」と呼ぶ前に――〈かわし合う〉私とあなたのフィールドワーク』生活書院。

長尾和宏、2012a、『「平穏死」10の条件――胃ろう、抗がん剤、延命治療いつやめますか？』ブックマン社。

長尾和宏、2012b、『胃ろうという選択、しない選択――「平穏死」から考える胃ろうの功と罪』セブン&アイ出版。

長尾和宏、2013、『抗がん剤10の「やめどき」――あなたの治療、延命ですか？縮命ですか？』ブックマン社。

長尾和宏、2015、『犯人は私だった！――医療職必読！「平穏死」の叶え方』日本医事新報社。

長尾和宏・丸尾多重子、2014、『ばあちゃん、介護施設を間違えたらもっとボケるで！』ブックマン社。

中村仁一、2012、『大往生したけりゃ医療とかかわるな――「自然死」のすすめ』幻冬舎。

日本尊厳死協会監修、1998、『自分らしい終末「尊厳死」』法研。

野村進、2015、『解放老人――認知症の豊かな体験世界』講談社。

林玲子・別府志海・石井太・篠原恵美子、2022、「老衰死の統計分析」『人口問題研究』第78巻第1号。

藤井克徳・池上洋通・石川満・井上英夫編、２０１６、『生きたかった――相模原障害者殺傷事件が問いかけるもの』大月書店。

三好春樹、２０１４、『認知症介護――現場からの見方と関わり学』雲母書房。

三好春樹、２０１８、『関係障害論――老人を縛らないために〈新装版〉』雲母書房。

六車由実、２０１５、『介護民俗学へようこそ！――「すまいるほーむ」の物語』新潮社。

山田富秋、２０２０、『生きられた経験の社会学――当事者性・スティグマ・歴史』せりか書房。

著者紹介

三浦耕吉郎（みうら　こうきちろう）
関西学院大学教授。
専門は、生活史、差別問題、環境社会学、質的調査法。
著書に、『エッジを歩く ── 手紙による差別論』（晃洋書房、2017 年）、『環境と差別のクリティーク ── 屠場・「不法占拠」・部落差別』（新曜社、2009 年）、『屠場 みる・きく・たべる・かく ── 食肉センターで働く人びと』（編著、晃洋書房、2008 年）、『構造的差別のソシオグラフィ ── 社会を書く／差別を解く』（編著、世界思想社、2006 年）、『社会学的フィールドワーク』（共編著、世界思想社、2004 年）、『新社会学研究』（No.1 〜 No.9、共編著、新曜社、2016 年〜 2024 年）、『新修 福岡市史 民俗編二 ひとと人々』（共著、福岡市史編集委員会、2015 年）。

新曜社

自然死（老衰）で逝《ゆ》くということ
グループホーム「わたしの家」で父を看取る

初版第 1 刷発行　2024 年 8 月 31 日

著　者　三浦耕吉郎
発行者　塩浦　暲
発行所　株式会社　新曜社
101-0051　東京都千代田区神田神保町 3-9
電話（03）3264-4973（代）・FAX（03）3239-2958
e-mail：info@shin-yo-sha.co.jp
URL：https://www.shin-yo-sha.co.jp/

印　刷　新日本印刷
製　本　積信堂

ISBN978-4-7885-1852-0 C1036

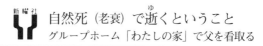